제17회
한국청소년문학상
수상작품

17th Korea Youth Literature Festival

# 그리움 한 마리

오늘의
문학사

## 발간사

　제17회(2019) 한국청소년문학상 수상작품집 『그리움 한 마리』를 발간합니다. 대상, 금상, 은상, 동상을 받은 작품들을 모아 발간한 이 책은 우리나라 청소년들의 사상과 감정, 그리고 서정적 지향을 확인하는 중요한 자료가 될 것입니다. 또한 문학 창작의 길에 들어서려는 청소년들에게 좋은 본보기 글이 되리라 믿습니다.

　문학은 역사 이래 예술 중의 으뜸으로 자리매김 되어 왔습니다. 아름다운 서정을 노래하기도 했으며, 사회 여러 분야의 아픈 곳을 어루만지기도 했습니다. 문학은 질풍노도가 되어 세상의 어둠을 쓸어내기도 했으며, 어둔 밤에 촛불의 역할을 자임하기도 했고, 새벽을 노래하는 닭 울음으로 새로운 시대의 도래를 예언하기도 했습니다. 시대 변화에 따라 달리 해석되기도 하지만 본의는 같습니다.

　수상한 작품 한 편의 길이가 너무 길어 부득이 앞부분만 수록하였습니다. 전체는 daum cafe [문학사랑 글짱들]의 '**긴 글 전문 감상하기**'에 올려놓았으니 감상하시기 바랍니다.

　사단법인 문학사랑협의회에서는 2002년부터 '한국청소년문학상'을 제정하여 시상하고 있습니다. 1,100여 편의 작품을 예심, 본심까지 심사하느라 수고하신 심사위원들께 감사드립니다. 응모한 청소년들에게도 고마운 마음을 전합니다. 수상작품집을 발간하며, 앞으로 더욱 알차게 운영할 것을 약속합니다.

2019년 5월 31일
사단법인 문학사랑협의회 이사장 리헌석

**차례**

발간사 ································································ 3

## ‖ 운문부문 당선작품 ‖

**대상 |** 김예림 (양주고등학교 3학년)
　　　　황혼의 집 ································································ 10

**금상 |** 임지은 (진잠중학교 3학년)
　　　　추억록 ································································ 12

**은상 |** 우수연 (Gymnasium105 9학년)
　　　　요조숙녀 클라이맥스 ································································ 14

　　　　이서희 (서울 불암중학교 3학년)
　　　　어쩌다 멸치 ································································ 16

　　　　이유진 (상지여자중학교 3학년)
　　　　어머니의 묵주 ································································ 18

　　　　김지원 (대전도안고등학교 1학년)
　　　　박음질 ································································ 20

　　　　이찬희 (부산 동인고등학교 2학년)
　　　　바다의 불꽃 ································································ 22

동상 | 이정윤 (함현중학교 3학년)
크레이프 ················································· 24

김지은 (서울 봉원중학교 3학년)
자국이 남다 ·········································· 26

최수지 (전남 장성 문향고등학교 1학년)
버려진 연필 ·········································· 28

윤서은 (정발고등학교 3학년)
밑바닥의 이끼 ······································ 30

김다비 (여주고등학교 3학년)
향기 ························································ 32

최한별 (북서울중학교 2학년)
어릴 적 내가 생각했던달 ···················· 34

조민송 (광양여자고등학교 1학년)
옥상 ························································ 36

장주희 (관양고등학교 1학년)
과야(課夜) ············································· 38

김재빈 (북평고등학교 2학년)
단풍 이야기 ·········································· 40

강다연 (인천초은고등학교 2학년)
하늘, 하늘, 하늘 ·································· 42

## ‖ 산문부문 당선작품 ‖

**대상 |** 김시내 (밀알두레학교 12학년)
그리움 한 마리 ········································· 46

**금상 |** 강예진 (서울 해성여자고등학교 2학년)
숲 ············································································· 49

**은상 |** 김나영 (옥정중학교 3학년)
나만의 방법 ············································· 52

박효진 (서초중학교 3학년)
봉사 ············································································· 57

김수민 (고양예술고등학교 2학년)
지옥들 ········································································ 59

오정헌 (성지고등학교 2학년)
도덕이 회복되어야 양성평등이 이루어진다 ··· 77

김나현 (서울디자인고등학교 2학년)
빨간색 우산 ············································· 80

**동상 |** 박인애 (효양고등학교 3학년)
나무의 상처 ············································· 88

박윤희 (봉담고등학교 3학년)
연결고리 ··················································· 92

**동상ㅣ** 김소원 (전주중앙여자고등학교 3학년)
　　　　　끈 ································································· 95
　　　　김도윤 (문시중학교 1학년)
　　　　　마침표와 느낌표 사이 ······································· 108
　　　　김성빈 (만성중학교 2학년)
　　　　　어버이날에 담긴 추억 ······································· 110
　　　　김예은 (고등학교 홈스쿨링 2학년)
　　　　　하늘 위에 새긴 판화 ········································· 113
　　　　김진우 (보정고등학교 2학년)
　　　　　자서전 작가 ························································ 125
　　　　최　건 (대구고등학교 2학년)
　　　　　미생의 분노 ························································ 147
　　　　이승우 (대전구봉고등학교 2학년)
　　　　　그녀의 이기심 ···················································· 184
　　　　강동훈 (경북하이텍고등학교 3학년)
　　　　　섬마을 연가(戀歌) ············································· 206


운문 심사평 ································································· 236
산문 심사평 ································································· 238

## ‖ 역대 대상 당선작품 ‖

**[ 제16회 ]**

운문 | 　정준서 (목포고등학교 3학년)
　　　　　　그날의 뒷모습 ·················································· 226

산문 | 　안재은 (성지여자고등학교 2학년)
　　　　　　사랑이라는 익숙함 ·········································· 228

**[ 제15회 ]**

운문 | 　심수빈 (안양예술고등학교 3학년)
　　　　　　악어의 꿈 ·························································· 231

산문 | 　권하영 (영주여자고등학교 3학년)
　　　　　　육개장 ································································ 233

## 제 1 부

# 운문부문 당선작품

## 황혼의 집

김 예 림
(양주고등학교 3학년)

목련 잎은 모두 떨어지고 있었다.
모서리부터 멍들어가고 있는 저녁
주홍색으로 번져갔다.
투둑 투둑 떨어져 내리는
빗줄기, 그건 불그스름한 색을 띄었어.

비가 한바탕 쏟아져 내리면 덜 마른 빨래 냄새가
났다, 그 틈으로 달팽이들이
더듬이를 내밀었다.
이곳저곳 따개비처럼 붙어 있는 패각
나는 이불을 뒤집어 쓴 채로
가장 폭력적인 언어 속에서 묵묵해지고 있었다.

이따금 내 명치를 툭 툭 두드리는

아버지의 목소리
나는 물렁해진 무릎을 끌어안고 있었다.
잔뜩 말린 내 모습,
알코올에 중독된 당신의 혀도 돌돌 말려있겠지
날카롭게 내 고막을 파고드는
낯선 발걸음
그때마다 나는 구멍 속으로 들어 갈 준비를 했다.

점액이 끈적하게 나를 뒤덮는
패각 속으로 기어들어 가고 싶다.
아무도 고개를 들이밀지 않는 응달 속으로
몸을 웅크린 채
이곳은 안전해 혼잣말을 하며 스스로를 다독이겠지.

밤이 찾아올 때마다 방부되던 기억은
나를 좀처럼 놓아주지 않았다
앞으로 나아가야 해!
온몸으로 바닥을 밀어내는 달팽이처럼
온몸으로 이곳을 밀어내야만 한다.
반쯤 열린 문틈으로 보이는
떨어진 목련 잎들, 바스락거리며 내게 손짓하고 있다.

## 추억록

임지은
(진잠중학교 3학년)

아버지의 가슴 속 깊고 푸른 강이 흐른다.
그의 젊음이 녹슨 먼지 쌓인 사진첩 속
빛바랜 군복 사진과 태양을 바라본다.
희미하게나마 코끝에 스치는 그 시절 향수를
어루만져보며

풀숲을 노래하던 개똥벌레
밤 새벽을 유영하던 바람과
쏟아지던 별들의 음표들
달맞이꽃의 달 앓이가 시작될 즈음
아버지의 인생도 울렁이길 시작했다.

아침에는 동트는 여명을 노래하고
밤에는 별의 목소리를 들으며

새벽에는 붉은 행성을 향한 춤을 췄다

사십 년이라는 세월이 이리도 빨랐나.
그가 개똥벌레를 쫓을 때도 인생은 흘러가고 있었고
군복을 입고 군가를 부르며 국방의 의무를 다 할 때도
인생은 혈관 속을 관류하고 있었겠지.

더 이상 어릴 적 개똥벌레를 기억하지 못할 때 쯤
달빛을 얼려 만든 거울 하나를
지평선에 묻어둔다.

그의 젊음이 담긴 사진첩
꿈을 꿈이라 부르는 용기로
인생을 인생이라 부르는 다짐으로
세월을 세월이라 부르는 힘으로
그것을, 이제 나에게 넘겨준다.

오늘 나는
아빠의 사십 년을 받았다.

## 요조숙녀 클라이맥스

우 수 연
(Gymnasium105 9학년)

서방님 내 날개는 몸 안에 달려서 장기들이 위로 위로 머리끝으로 모근이 태어나는 곳으로 올라가요

당신은 왜 틈 사이로 들어오나요. 창문을 활짝 열었다가 다시 꽉 닫아 봐요

서둘렀다간 그만 죽어버리고 말 것 같아서 천천히 발끝부터 조심스럽게 방울뱀이 천천히 하나씩 툭 툭 치정에 얽힌 사건답게

아니야 아니에요 죄송해요 살려주세요 죄송해요 내보내 주세요 죄송해요 건들지 마 사라져 문고리에서 나는 타들어가는 심지를 봐요 문둥이가 되어버린 당신을 따돌려요

서방님 엄마가 살아 있지 않다면 안부를 전해줘요 엄마 나는 아직도 대기권을 벗어나는 꿈을 꾸고 있어요

한껏 굴려서 둥글어지는 상상을 해요 걸레 때문에 부정이 타버린 당신은 냉수를 벌컥 벌컥 벌컥 벌컥 왜 그래요 앙칼진 것이 더 끌리나요

그런 모양으로 입술을 떼지 않기로 약속했었잖아요

밤이 늦었어요 이만 쓰러질게요

## 어쩌다 멸치

**이 서 희**
(서울 불암중학교 3학년)

저녁 밥상 위에 멸치볶음이 올라왔다.
젓가락에 옮겨지는 멸치들 사이에 주꾸미 한 마리
어색하게 들어앉아 있다.

바다 속 그 작은 다리로 열심히 헤엄치고 다녔을 주꾸미는
어쩌다가 멸치가 되었는가.

알에서 태어나자마자
온갖 것들의 위협을 받고
형제들이 잡아먹히는 모습을 보고
멸치 떼 속에 뛰어들었겠지.

나는 멸치다
나는 멸치다

주문도 외웠겠지.
그 안에서 마음도 편했겠지.

멸치 떼와 함께 육지로 옮겨져
간장과 설탕에 버무려질 때도
차라리 이게 나아 위로했을 주꾸미

차마 먹지 못하고 다시 보니
하나도 어색하지 않구나.

너는 주꾸미가 아닌 멸치니

## 어머니의 묵주

이 유 진
(상지여자중학교 3학년)

어머니의 묵주 속에는
우주가 담겨 있나보다.

사시사철
손에서 떨어지지 않는
그 흑단 빛 묵주 한 알 한 알이

이리도 영험하게 보이는 건

어머니의 사랑 때문이겠지.
어머니의 눈물 때문이겠지.
어머니의 삶 때문이겠지.

어머니가 쓰시는 묵주 위에

내 손을 포개어보니
괜히 눈물이 난다.

## 박음질

김 지 원
(대전도안고등학교 1학년)

숨결을 조이는 실오라기에 숨을 돌려
찾은 학교 앞 갑천
내딛고 내딛으며 걷는 산책로

닿을 때마다 푹 꺼지는 길바닥은 바늘처럼 내 마음을 찔러 아래로
밑바닥을 파냈다가 다시 구멍을 후빈다.

가까이 들여다보려 할수록 일어나는 보풀이 안쓰러워
멀리서 내다보려 해도 놓인 것은 돌다리
징검다리 발만 뻗으면 옮겨갈 그 거리

저 멀리서 선도부는 눈을 흘기며 나를 본다.
이 선만 넘으면 무단 외출이야 속삭이듯

발만 뻗으면 넘어갈 수 있는 보풀 같은 갑천 그리고 돌다리
다리 한 번을 찔러보지 못하고 내 입은 재봉틀을 굳게 박는다.
하천의 물살과 달그락대는 실오라기들이 엉키고 뭉쳐 저 멀리 떠내려가면
이미 꼼짝도 못하는 나는 이미 그 하천에 박음질되었다.

## 바다의 불꽃

이 찬 희
(부산 동인고등학교 2학년)

낮과 밤이 만남을 끝마친 지도 오래
밝음이 없는 그때가 돼서야 그 집에는 불이 켜진다.
지르르 소리를 내는 전등불을 뒤로하고 그는
침상에 누워계신 어미의 머리를 쓰다듬는다.
일력을 찢어가며 하염없이 울던 어미의 손에는
슬픔이란 것이 짭짤하게 묻어있었다.

어미의 향기라 하면 소금의 향기였다.
하루 종일 두 다리로 평행선을 그리며 활주하는
그 배는 물살을 가르며
허연 조개와 퍼런 미역을 몸에 더덕더덕 묻히고선
닳고 말라 버린 눈물의 입자를 그 몸에 한껏 이고서는
퉁퉁 불어버린 아름다운 두 다리로
기름 새듯 터벅터벅 걸어와

씻지도 않은 채 침상에서 마저 유영한다.

그의 몸에는 화염이 가득했다.
어딘가의 하늘이 붉게 물들면
매캐한 연기의 벽을 부수고
자신을 향해 쏟아져 내리는
업화의 불꽃을 한껏 만끽하며
재가 될 번한 이파리들을 품에 안고 돌아온다.
나무는 일제히 경례를 하고
붉은빛 회색빛 차츰 잠들어갈 때면
죄 많은 그 청년은 다시 심판을 받으러 간다.

지르르 소리 높여 우는 전등불을 뒤로하고 그는
어미의 살결을 만지며 울음을 참는다.
그가 진정으로 화염이 될 때
어미는 물의 곁으로 돌아가서는
대양에 붉게 번진 불꽃을
물의 품으로 꼬옥 안아주었다.

## 크레이프

이 정 윤
(함현중학교 3학년)

얇은 기억이 한 겹씩 쌓여갈 동안
달디 단 연대가 발라진 케이크
지난날을 훑는 맛이
혀를 쓸어내린다.
크레이프와 같은
지난날이었다.
그리고 언제가 나는
열 몇 겹의 고뇌를 쌓아 올린 지난날의 나를
망설임 없이 접시에 올렸다.
하지만 어제를 한 입에 베어 물 수 없었던 건
내 크레이프는 아직 두껍지 않아서
먹어버릴 수 없다며 돌아서던 변명
마지막에 웃으며 먹을
달달한 케이크여야지 않겠냐는

중얼거렸던 말소리
난 포크를 떨어뜨리고 울어 버린 채
제 삶을 끌어안았다.

나는 살고 싶어 했다.
지나면 달콤한 미련들을
먹어치울 때까지
아직 배고프지 않은 젊음은
살고 싶어 했다.
크레이프를 쌓아 올리고픈 이기심
밤과 낮의 반복
누군가에 준 인사
한 겹씩 올리는 시간
크레이프는 오늘도 쌓여간다.

## 자국이 남다

김지은
(서울 봉원중학교 3학년)

얼룩이 생겼다
몇 년 동안 등을 맞대고 있던
소파 뒤에 세월이 스며들었다

방 한 구석 벽지에도
화장실 한 켠에도
그리고 할아버지의 얼굴에도
어느새 시간의 그림자가 생겼다

매일 앉던 소파 뒤처럼
가깝지만 무심하게 지나간 그의 얼굴
마냥 제 색(色)을 갖고 있을 줄 알았는데
어느새 거무스름한 얼룩 가득하다

초침 사이를 헐떡이며 하루를 보내고
집으로 돌아오는 앙상한 기운
다음엔 갈게요
다음엔 꼭 갈게요
채울 수 없는 빈 말만 내려놓는다.

어딘가에 스며들어
피어나고 싶었을 거야

서운함에
무심함에
미안함에
새어나온 한숨이
어딘가에 스며들어 알리고 싶었던 거지.

## 버려진 연필

최수지
(전남 장성 문향고등학교 1학년)

늙어버린 노인은 작아져버린 연필을
주름진 손에 쥐고는 생각합니다.

제 인생은 마치 연필과도 같군요.

시커먼 먼지 날리며 밤새워 휘갈겨 쓴 글씨는
누구 하나 알아주지 못하고 새하얀 지우개로 덮어져버리고
이 몸은 하루하루를 종이 위에서 살아가 버려서
매일같이 뼈를 깎는 고통을 느끼지만 소리 하나 지르지 못하고
그저 사각거리기만 합니다.
또 저의 마음은 언제나 한결같지만
날카로운 칼날에 줄어드는 몸은 어쩔 수가 없습니다.

누군가 이 기나긴 사연을 읽어준다면

저의 곁에 돌아오겠지만
이미 몸도 마음도 깎여버려서는 더 이상 당신들의 온기조차도
듣지도 보지도 못하는 제가 되어버렸습니다.

그래도 이런 쓸모없어진 연필을
길바닥에 던지지 말고

이 몸이 부서져 없어질 때까지 그 손에 고이 쥐어주시기를
저의 마음이 서럽지 않도록 포근히 안아주시기를
언제나 한결같은 마음을 곱게 담아 부탁드립니다.

제가 다 닳아 없어질 때까지도
저를 꼭 다시 봐주세요.

# 밑바닥의 이끼

윤서은
(정발고등학교 3학년)

관광지에 있어도 너는 혼자 없는 취급을 당하지
주변과 어울리지 않는 모습이었을까
꽃 보라를 보러온 사람들의 밑창 아래
광을 잃은 이끼가 자라난다.
넌 이제 주연이 될 기대도 하지 않겠지
항상 최하위 서열이니까

매지구름이 듬성한 오후,
엇박자에 맞춰 끼워진 보도블록이
자신이 직소퍼즐인 마냥 정갈한 척을 한다.
그 틈으로 자라나는 이끼
무명의 잡초들이 들어오지 못하게
묵묵히 경비 역할을 하고 있다

겉모습을 믿으면 안 된다던데

그 말을 지키려는지 이끼는
일정한 모양을 가지지 않았고,
조그마한 틈 속에 자라며 자기 모습을 바꾸어 갔지만
아무도 너에게 살갑지 않았지

손가락을 대면 촉수들이 겉을 핥고 지나갈 뿐
아무런 저항도 하지 않는다.
각자의 자리에서 제 역할만 하며
가로등을 짚으며 비틀거리는
사람들의 밑바닥이 되어 주고 있다.

# 향기

**김 다 비**
(여주고등학교 3학년)

방 베란다 구석
주황색 지붕을 얹은 연필깎이
엷게 먼지를 뒤집어쓴 그것
나의 유년은 아직
이 안에서
다듬어지고 있었다.

뭉뚝해진 그날의 마음을
함께 꼽아 넣곤 했었는데

해체된 자모처럼 흩어지는
불완전했던 순간들

연필을 끼워 넣고 손잡이를 돌리면

연필깎이 속,
날아다니던 한 꺼풀의 나비들

오랜 시간이 지났지만
처음 내려앉은 그 자리 그대로
떠나지 않았다

나무의 쓸쓸한 숨결이 깃든
풀이 식은 날개

나는 아직 나비들을 잃지 않았다

## 어릴 적 내가 생각했던 달

최 한 별
(북서울중학교 2학년)

난 어렸을 때부터 달이 되고 싶었다.
어두운 밤하늘에 조명이 되어주는 '달'말이다.
이유라면 단순했다.
내가 힘이 들거나 외로울 때
달을 보면 달이 내 심정을 이해해주듯 초승달이 되었고
가족이 외식을 한 후 배부르게 집에 들어갈 때면
내 배부름을 공감해주듯 보름달이 되었기에
달이 되고 싶었다.

사람들은 말했다.
"해가 지고 나니깐 달이 나왔네."
하지만 어릴 적의 난 그렇게 생각하지 않았다.
해를 밀어내고 달이 하늘로 나왔다고 생각했다.
마치 친구와 싸우고 나서 씩씩거리던 나처럼 말이다.

하늘에 별이 많았다. 큰 별, 작은 별…
나의 외국인친구, 노래방친구처럼 별은 많고 또 많았다.
하지만 하늘에 별이 없는 날이 많아지고 있다.
도시에 사는 사람들이 밤에 불을 끄지 않고
전광판이 많아서라고 엄마는 말했다.
하지만 어릴 적의 난 그렇게 생각하지 않았다.
별들도 우리처럼 옥죄어오는 이 삶의 압박감에
하나둘씩 달의 곁을 떠나가는 게 아닐까?

친구를 잃어도 기쁨이 사라져도
달은 여전히 하늘을 비쳐오면서
우릴 향한 조명을 쏴준다.
이제는 나도 달이 될 수 있을까?
아님 이미 달에게 스며들었을까?

## 옥상

조 민 송
(광양여자고등학교 1학년)

두 손으로
깨끗한 물 받아들면
깨끗한 눈동자가 그대로 보였습니다.

다 흘리면
손을 탈탈 털었고

아직 찰랑거리면
콘크리트 사이
두 팔 걸친 새싹 먹였습니다.

없어질라 꼭 붙잡고 다닌
노란 천 가방 깔고
하늘을 이불 삼아

편안한 잠을 잤습니다.

비를 맞고
벌떡 놀라 깨기도 했습니다.

난 아직 거기가 그립습니다.
새싹만 하던 내가 그립고
나만 하던 새싹이 그립습니다.

아, 하늘같은 이불을
난 다시 덮을 수 있을까요

## 과야(課夜)

장주희
(관양고등학교 1학년)

보고 싶다.
그 한마디 하지 못해 나는 매일 밤을 울었다.

마루 위 뜬 달을 접어 비행기를 날려볼까 싶다가도 나는 울었고,
연못에 비친 노랑어리를 건져 네게 띄워볼까 싶다가도 나는 울었고,
이 마음은 정처를 잃고 날뛰는 귀뚜라미와 같아서 나는 울었고,
가을밤바람은 미처 혁명을 일으키지 못해서 나는 울었다.

쪽마루 한편에 내려앉은 낙엽들을 주워
바늘 쥐고 하나로 꿰매 풍경(風磬)에 달아 두는 게 내 전부라
기왓장이 떨어진 담을 바라보며
보고 싶다
그 한마디 하지 못해 나는 오늘 밤도 운다.

수면 위의 별이 지기 전에만 와준다면
그걸로 됐다
그걸로 충분히 좋다

이 긴 밤을 나는
보고 싶다
그 한마디 하지 못해 또 운다.

# 단풍 이야기

김 재 빈
(북평고등학교 2학년)

아 참, 단풍 이야기는 듣고 가야지
갈 길이 바빠도
단풍 이야기는 들어주고 가야지

이 나라에 사람들이
허구한 날 같은 곳만 들락거리는 얘기
여기 도시 사람들이
항상 같은 일만 하는 얘기는 반성해야지
매일 다른 도시를 비행하는 단풍의 모험담이
더 의미가 있지
단풍이 날마다 다른 곳을 물들이고 온 이야기가
더 배울 점이 많지

바스락 바스락

귀찮기만 하고 시끄러운 놈이어도
단풍 이야기를 들어준다면
이번은 조금만 덜 추워 라고
겨울을 설득해줄 지 모르지
지겹기만 하던 일상이 단풍 이야기가 될지 모르지

단풍이 우리의 피를 닦아줄 적에는
단풍이 마냥 붉은색 이라는 이유로 지나치지 말기를
앞만 보고 열심히 살아가는 와중에도
떨어진 단풍을 외면하는 일이 없기를

하루를 바삐 보내게 되더라도
아 참, 단풍이야기는 듣고 가야지
갈 길이 바빠도
단풍 이야기는 들어주고 가야지

하기를

# 하늘, 하늘, 하늘

강 다 연
(인천초은고등학교 2학년)

축축하고 눅눅한 공기가 폐를 들쑤시는 날
나는 천장과 맞닿은 창문 아래 쪼그려 앉아 하늘을 올려다보곤 했어.
햇빛 한 점 없는 회색 하늘은 어떤 반전도 절정도 없는 유지와도 같았지.
먹구름이 거치면 하늘이 투명한 피부 속에 노을들을 흡수해 생긴 다채로운 연홍빛들이 하늘에 붉은 생기를 담았으나
반사된 노을은 우리 집 작은 창문으로 노을빛이 스멀스멀 들어왔어
슬금히 기어들어온 노을은 하얀 피부 위에 번지어 난잡한 붉은 흔적을 만들었기 때문에 내게 붉은 노을은 눈 먼 괴물과도 같았어.
엄마는 하늘이 대지에 만개한 꽃들로 술을 담가 마시어 저리 발그레한 얼굴을 된 것뿐이라고
고단히 매일 매일을 별들이 쏟아지지 않도록 등을 내주기에 어쩌다 한번 작은 기분전환을 위해서였다고 말하며 벌벌 떠는 나를 꼭 안아주었어.
잠시뿐이라고 나를 달래는 엄마의 투명한 피부에도 노을은 닿아있었고
힘줄 끝까지 박힌 흉터는 지워지지 않아 손목까지 내려오는 긴 카디건으로 석양의 흔적을 가려야 했어.

세상보다 반 단계 낮은 이 집에서 천장만큼 큰 키를 가진 건 아빠뿐이었고
하늘을 올려다보지 않는 유일한 사람이었지.
하늘만큼 큰 키를 가진 아빠는 입과 코에서 연기를 뿜어내며 회색하늘을 만들어 내었어.
그럴 때면 연기가 내 숨구멍을 꽉꽉 눌러 막아 질식시킬 듯 했지만 숨조차 들리지 않는 그 순간이 나에게는 도리어 정적의 안식이 되었지.
하지만 엄마가 말하는 어쩌다 오는 한 번에 아빠는 하늘에 잠식되었고,
하늘처럼 빨개진 얼굴을 하고서 소리 없는 노을처럼 비밀스럽고 조용한 주정을 부렸어.
하늘의 색이 진하고 진해질 때마다 엄마와 나의 피부도 더 빨갛고 빨갛게 되었어.
해가 지면 하늘은 구타의 흔적으로 보라 빛 피멍으로 가득해졌고 그 무렵 술에서 깬 노을은 숙취를 핑계로 밤 속에 숨어버렸어.
주기적으로 하늘에는 술을 벗 삼은 석양이 나타났고
해가 지고 나면 마땅히 나타나야 할 푸른 하늘은 썩은 먹구름에 가려져 비명 한번 지르지 못하고 사라졌어.
단 한 번도 하늘은 파란 적이 없어
비가 그쳐도 무지개는 뜨지 않아
땅에는 꽃 한 송이조차 핀 적 이 없어
존재한 적 없는 희망에 목 맨 엄마는 눈앞을 가로막는 절규를 무시하고, 삼키며 하늘을 위한 변명들을 늘어놓아.
이건 내가 좀 더 크고 나서 안 사실인데,
사실 우리 집엔 하늘이 보이는 창문 같은 건 없었다는 거야.

# 제 2 부

# 산문부문 당선작품

# 그리움 한 마리

김 시 내
(밀알두레학교 12학년)

아버지는 나에게 물고기를 남기고 떠났다. 비유적 표현이 아니다. 정말 화려하고 덩치 작은 물고기 한 마리. 어항 속 물고기는 하루 종일 물속을 배회했다. 재미도 모르고 희망도 모르고 적개심도 모르던 작은 물고기 한 마리. 이 순진한 물고기를 나의 손에 넘긴 아버지는 '순진'하다는 단어와 아주 잘 어울리는 사람이었다. 뱃속에 나를 가진 어머니에게 자기만 믿으라고, 몇 년 후면 지금보다 훨씬 더 높은 곳에 올라가 있을 거라고 호언장담했다던 아버지. 하지만 그런 어설픈 자신감을 가지고 부딪치기엔 세상의 벽은 너무 높고도 험했다. 그렇게 첫 번째 계단을 채 올라가기도 전에 굴러 떨어진 아버지는 사업을 포기했고, 생활을 포기했고, 엄마와 나를 포기했다. 아니, 지금 생각하면 아버지는 꽤 오래 버티셨다. 아버지가 나를 떠났을 때 내 나이 5살이었으니까. 엄마가 혼자 나를 낳도록 내 버려두지 않았으니까. 하지만 그때의 나는 그때의 아버지를 이해하지 못했다. 왜 아버지가 우리를 버려두고 떠나야 하는지를. 그때의 나와 그때의 어머니는 그때의 아버지가 절실히 필요했다.

몇 년 뒤, 어머니는 큰 수술을 받게 되었다. 과로가 심혈관에 이상을 일으키고 말았다. 내 나이 고작 9살이었다. 어머니는 어린 아들을 정성을 다해 키우려 노력했는데 그 노력의 대부분은 결국 돈이었다. 나의 어머니는 아버지의 빈자리를 채우기 위해 남의 집 욕실 타일을 깔

앉고, 남의 가게 전단지를 뿌렸고, 남의 차의 먼지를 닦았다. 자신을 위해 사는 방법을 잊은 어머니는 눈 붙이는 시간도 사치로 여겼다. 남은 음식도 다 드시는 법이 없었다. 따뜻하고 말랑한 음식은 품에 두고, 딱딱히 식은 음식만 꾸역꾸역 입 속에 밀어 넣었다. 그리고 피곤한 몸을 이끌고 집에 오면 자리 펴고 눕기도 전에 아들을 깨워 품속 말랑한 음식을 내어주었다. 철없던 그때의 나는 그 모든 일들을 당연시했다.

엄마는 수술실에 들어갈 때도 혼자 있어야 할 나를 걱정했다. 나는 엄마에게 뭐가 있는지도 모르는 저 안에서 혼자 싸워야 하는데 괜찮냐고 묻고 싶었다. 하지만 용기가 없었던 나는 그저 엄마의 손을 한 번 꼭 잡았다가 놓는 것으로 그 말을 대신했다. 몇 시간 후, 엄마가 나왔다. 의사는 나와 눈높이를 맞추고 어깨를 지그시 눌렀다. 그리곤 말했다. "너희 엄마가 이겼어."

중환자실로 옮겨진 엄마는 마취가 풀릴 때까지 잠만 잤다. 내가 본 엄마는 전혀 싸움에서 이긴 사람 같지 않았다. 그냥 물 한 방울 마시지 못해 시들어버린 한 송이 꽃 같았다. 잡초가 무성한 세상에서 최선을 다한 엄마는 상처를 입은 채로 병원에 갇혀버렸다. 시든 꽃에 물을 줄 사람은 나밖에 없었다. 나는 학교를 마치고 매일 병원에 들렀고, 병원에서 잠을 잤고, 병원 생활에 익숙해져 갔다. 엄마에게 최선의 치료는 옆에 있어 주는 것이라고 믿었다. 그렇게 아무도 찾아오지 않는 병실 침대 한 켠이 나의 일상이 되었다. 그리고 그런 나를 맞이해주는 것은 아무것도 기억하지 못하는 늙은 물고기 한 마리였다.

달라지는 것은 없었다. 엄마는 매일 링거를 맞았고, 의욕을 잃은 사람처럼 창밖을 쳐다보았다. 엄마의 시선을 좇았다. 엄마는 병실에 있으면서 그간 잘 보지 못했던 하늘을 실컷 보는 듯했다. 창문으로 구름이 찾아오고 떠나가기를 몇 번. 한 계절이 지나고 자세히 보지 않고는 모를 작은 변화가 생겼다.

어느 순간 물고기가 두 마리로 불어나 있었다. 홀몸으로 새끼를 낳았나? 하지만 그렇다고 하기엔 두 물고기의 크기가 상당히 비슷했다. 게다가 색깔과 무늬 또한 정반대였다. 이상한 일이었다. 엄마에게 물어보면 어머니는 어두운 얼굴을 하고 눈을 감아버렸다. 한참 뒤에야 깨달았다. 아버지가 왔다 가신 것을. 어머니는 어린 아들에게 너무 많은 것을 알려 주지 않았다. 그리고 그 모든 것을 깨닫기엔 어린 아들은 너무나 철이 없었다.

한동안 큰 변화가 없던 어머니의 상태가 급격히 악화되었다. 이전에는 그저 노동에 대한 의욕을 잃은 것처럼 보였는데 이제는 삶에 대한 의욕을 잃은 것처럼 보였다. 의사는 우울증이라고 했다. 어째서 자상한 어머니의 마음에 검은 녹이 슬었을까? 의사와 간호사는 우울에 잠식되어가는 어머니 곁에 나를 둘 수 없다고 판단했다. 나는 저항 한 번 하지 못한 채 보육원으로 '운반'되었다. 나의 마음과 생각을 어머니의 침상 한 켠에 남겨 둔 채로.

또 한 계절이 지나고, 다시 한 계절이 더 지났다. 나는 어느덧 10살이 되었고, 어머니는 31살이 되었다. 어머니는 병원을 떠났고 또, 나의 곁을 떠났다. 나는 크지 않은 손으로 어머니의 뼛가루를 병원 옥상에서 뿌렸다, 그 옆엔 물고기 두 마리가 있었다. 평생 높아져 본 적 없었던 어머니를 내 경험 속 가장 높은 곳에서 보내드렸다. 곱디고운 뼛가루를 날리면서, 나는 울었다. 날린 뼛가루가 내 가슴에 쌓이는 것 마냥 통곡했다.

어머니를 떠나보내고 얼마 지나지 않아 물고기도 내 곁을 떠났다. 아버지의 첫 물고기. 아버지에 대한 그리움과 증오심이 한데 섞여 한동안 바라보는 것도 쉽지 않았던 '순진한' 아버지의 첫 물고기. 이제 그 물고기는 떠났다. 다른 물고기는 처음부터 그랬다는 듯이 혼자 유유자적 물속을 떠다녔다. 아버지의 미안함이 가득 실린 물고기. 보육원 창가에 질리도록 오랜 시간 자리 잡고 있었던 그 어항 속 물고기. 내가 청소년이 되던 시점엔 그 물고기도 떠났다. 아버지에 대한 증오와 그리움을 품은 채. 이제 아무것도 남지 않았다. 곁과 속, 겉과 속. 그 어디에도 남은 것은 없었다. 그저 어항 속 물의 비릿한 냄새만이 어렴풋이 옛 기억을 자극할 뿐이었다.

# 숲

강예진
(서울 해성여자고등학교 2학년)

가로등이 눈을 뜨는 시간, 나는 검은 풍경이 띄엄띄엄 보이는 불빛을 말없이 쳐다보았다. 책상 위에 펼쳐진 수학 공식 따위는 이미 안중에 없었다. 나 스스로 인생에서 중요하지 않다고 결론 내린 지 오래였다. 교실의 사각거리는 펜 소리는 벌레의 날갯짓 같다. 무언의 압박처럼 느껴졌다. 나는 창문에서 눈을 떼고 펜을 들었다. 처음엔 낙서로 시작했지만 어느새 하나의 그림을 그리고 있었다.

일주일 하고도 3일, 오빠는 집에 들어오지 않았다. 엄마 아빠의 신경은 날카로워질 대로 날카롭게 곤두서 있었다. 물론 걱정도 함께였다.

오빠는 나와 다르게 공부를 잘했다. 학교에서 매번 1, 2등을 다투는 성적을 엄마는 자랑스러워했다. 하지만 오빠는 정작 자기 성적에 나만큼 흥미가 없었다. 그건 부차적인 것이었다. 나만 알고 있는 오빠의 꿈은 화가였다. 오빠는 종이랑 연필 하나만 있어도 쉽게 자신의 세계를 창조할 수 있다는 미술을 좋아했다. 그렇게 자신의 꿈에 대해 말할 때마다 나는 오빠의 눈에서 작은 숲을 볼 수 있었다. 빽빽한 나무들이 가득 찬 시원한 숲, 그 속에서 오빠는 자유로웠다. 만일 그림만 잘 그렸다면, 오빠의 숲은 지금과 같았을 것이다.

오빠의 꿈을 들은 엄마는 펄쩍 뛰었다. 그리고 온갖 말로 회유하기 시작했다. 너는 의사가 되어야지. 엄마는 제멋대로 오빠의 숲에 모래를 들이부었다. 아무리 빌어도 다시 걷어낼 수가 없었다. 오빠의 숲에는 더 이상 풀 한 포기 나지 않았다. 그곳은 사막이 되었다. 선인장도, 낙타 한 마리도 지나가지 않는. 모래폭풍 때문에 사막에서는 그 어떤 생물도 존재할 수 없었다.

그 후로 오빠는 공부만 했다. 성적은 더 올랐고 경시대회 이름의 여러 상장들을 받아왔다. 그러나 그림으로 받은 상장은 하나도 없었다. 엄마는 그런 오빠를 보물처럼 여겼다. 한낮 글이나 쓰는 계집애(나를 빗댄 엄마의 말을 빌리자면)보단 훨씬 낫다는 거였다. 하지만 오빠는 조금 다른 모양이었다. 하룻밤 사이 소설을 한 편 완성하겠다는 거창한 결심을 하고 책상에 앉은 날이었다. 널브러진 원고지 중 하나를 집어 들며 오빠는 말했다.

"열심히 해라, 넌 좋겠다."

나는 그때 오빠의 눈을 기억한다. 아무것도 없었다. 뿌연 모래 먼지가 오빠마저 삼켜버린 거였다. 나는 괜한 희망을 품고 물었다.

"다시 그림 그리면 안 되는 거야?"

"그렇게 간단한 것이 아니잖아."

간단한 것이 아니잖아. 오빠는 그 말을 몇 번이나 중얼거리며 방을 나갔었다. 나는 오빠가 무슨 반항이라도 하길 바랐다. 충분히 그럴 가치가 있었다. 하지만 내 기대와는 달리 평범한 일상만 계속되었다. 그러다 결국, 사건이 터져 버렸다.

모의고사에서 항상 최상위권을 유지하던 오빠의 수능성적표는 말 그대로 엉망진창이었다. 나는 생각지도 못한 반격에 그냥 얼떨떨했다. 하지만 엄마는 그 이상이었나 보다. 사막의 창조주는 세상의 모든 절망을 다 자기 것인 양 행동했다. 나는 오빠의 성적표를 훔쳐보다 문득 눈치챈 게 있었다. 이 정도면 오빠가 가길 원했던 미술대학엔 진학하기 충분했다. 그리고 그 다음은 내 예상대로, 오빠는 폭탄을 터뜨렸다.

"이제부터 내가 하고 싶은 거 하면서 살게요. 3년 동안 엄마 말 잘 들었잖아요."

조금 머뭇거리다 오빠는 단호하게 한마디 덧붙였다.

"미대 입시 준비할 거예요."

그 후로 내가 기억하는 건 엄마의 고함, 날아다니는 갖가지 물건들, 그 난리에서 버티고 있던 오빠의 모습이었다. 오빠는 웃고 있었다. 겉으로 드러나진 않았어도 분명 웃고 있었을 것이다. 엄마는 대놓고 나쁜 놈, 못된 놈 하며 그럴 거면 차라리 나가라는 말까지 했다. 그리고 오빠는 착하게도 엄마의 말대로 집을 나갔다. 적어도 비밀을 공유한 나한테 뭐라 연락이라도 해줄 줄 알았지만 아직은 아무것도 없다. 그래도 뭐, 괜찮다. 숲을 개간하려면 시간이 꽤 많이 필요할 테니까.

부산스러운 소리에 나는 정신이 번쩍 들었다. 나도 모르는 새에 야간자율학습이 끝났다.

혼자 집으로 돌아오는 골목길은 추웠다. 오빠가 떠난 후 엄마는 온종일 멍한 상태로 있었다. 그리고 전에 없이 나에게 관심을 보였다. 왠지 엄마의 다음 희망은 나일 것 같은 불길한 예감이 들었다. 만약 그렇게 된다 해도, 나는 엄마의 제안을 받아들일 의향이 조금도 없었다. 이건 아무래도 우리 남매의 닮은꼴이 아닐는지.

무심코 돌아본 길 저편 가로등 아래 누군가의 그림자가 비쳤다. 나는 놀랄 수밖에 없었다. 그림자는 나를 보며 씩 미소 짓는 것 같더니, 이윽고 다시 돌아섰다. 나는 그를 붙잡지 않았다. 아니, 그러지를 못했다. 다만, 그에게서 더 이상 사막이 보이지 않는다는 사실에 마음속으로 축하를 보낼 뿐이었다. 오늘 내가 본 그의 숲은 분명히 푸르렀다. 어디선가 불어온 바람은 물기를 머금고 있었다.

# 나만의 방법

김 나 영
(옥정중학교 3학년)

초등학교 1학년 때, 수학은 나에게 재미있는 게임과도 같았다. 숫자를 세거나 간단한 덧셈과 뺄셈만 하면 되는 아주 쉬운 과목이었기 때문이다. 거기다 주변 사람들의 칭찬은 덤이었다. 나에게 수학은 절대 어려워 질 것처럼 보이지 않았다. 하지만 시간이 지날수록 더 싫었다.

"수학을 포기하면 인생을 포기하는 거야. 그만큼 수학은 중요해."

누구나 한번쯤 들어봤을 것이다. 몇몇 아이들은 아예 수학을 포기해버리기까지 했지만, 나는 그럴 수 없었다. 내가 하고 싶은 일을 하며 살기 위해서 수학은 꼭 필요한 과목이기 때문이다. 그래서 난 누구보다 절실히 수학에 매달렸다. 실수의 원인을 찾고 고치려고 검산까지 했지만 실수는 전혀 고쳐지지 않았다. 계산 실수는 하나의 나쁜 버릇처럼 연필심에 매달려 있는 듯했다. 그만큼 수학을 잘하고 싶었지만 좋지만은 않은 과목이었다.

초등 저학년 때부터 수학학원이나 과외를 다니는 아이들은 그래도 수학을 잘 하는 편에 속했다. 하지만 그 아이들은 항상 힘들어 보였다. 숙제에 절어있는 모습. 가끔 다른 아이들에게 조건을 걸고 숙제를 해 달라고 부탁하는 아이들도 있었다. 난 그렇게는 하고 싶진 않았다. 실수도 내 실력이기에 계속 노력하다보면 어느 순간엔 좋아질 것이라고 믿었다. 그러나 그해

여름 이렇게는 안 되겠다 싶어 내가 먼저 엄마에게 제안을 했다.

"수학 과외 한 번 해볼까?"

"그래? 필요한 것 같아? 그럼 네가 다니고 싶은 곳을 알아봐!"

나도 간절했다. 나도 수학을 잘하고 싶었다. 실수 없이 완벽하게. 그래서 시작한 수학과외였다. 수학을 좀 한다하는 친구들이 다니는 과외에 나도 같이 다니기로 했다.

처음에 나의 열정은 대단했다. 학교를 마치자마자 과외로 달려가서 늦은 시간까지 수학만 했다. 선생님의 설명을 듣고 선생님과 함께 문제를 풀고 나서 항상 30문제씩 추가로 풀었다. 힘들었다. 정말 힘들었지만 이 방법이 맞는 것이라 믿었다. '수학은 문제를 많이 푸는 것 밖에 없어.'라고 하시던 과외선생님의 말씀이 옳다고 생각했다. 이렇게 열심히 한다면 나도 다른 아이들처럼 수학을 잘 할 수 있을 거라 믿었다. 막연한 기대였는지도 모르겠지만, 그때는 그 재미없고 힘든 일이 제일 좋은 방법이라고 믿었다. 하지만 그러고 나서 집에 돌아올 땐 녹초가 되었다. 엄마는 항상 그런 나를 걱정했다.

"힘들지 않니?"

그러면 나는 항상 씩씩하게 대답했다.

"힘든데, 어떻게. 잘하려면 해야지."

6학년 겨울방학 때는 중학교 예습을 했고 중학수학시험이 있었다. 예습한 내용으로 방정식 문제를 푸는 것이었다. 나는 최선을 다해 문제를 풀었다. 하지만 결과는 그리 좋지 않았다. 과외선생님의 설명은 하나도 이해되지 않았고 무슨 소리인지 전혀 몰랐다. 너무 어려웠다. 그렇게 개념이해도 제대로 되지 않은 상태에서 계속해서 심화문제만 풀었으니 당연히 죄다 틀릴 수밖에. 실수도 나아진 것이 없었고, 과외를 시작하기 전과 다를 게 없었다. 아무리 열심히 해도 실력이 늘지 않았다. 난 내 머리에 문제가 있는 줄 알았다. 하루는 과외에서 이해가 안 되는 문제들을 힘겹게 풀고 늦은 시간 집으로 돌아와 지쳐서 울며 엄마에게 말했다.

"엄마, 수학이 이제 너무 싫어."

"왜? 얼마 전 까지만 해도 재미있다고 했잖아!"

"그냥 내가 알아서 할래. 나한테 재미없는 수학을 잘하라고는 하지 말아줘요."

엄마도 알고 계셨다. 문제집만 봐도 내가 과외에서 배우는 내용을 어려워하고 이해하지 못한다는 것을. 하지만 그렇다고 내가 수학을 아예 포기하고 싶어 하는 것도 아니었으므로 엄마는 말씀하셨다.

"엄마도 과외가 다는 아니라고 생각해. 나영이 네가 다녀보고 싶어 해서 보낸 것이고, 과외를 다닌다고 해서 무조건 잘하게 되는 건 아니잖아."

"그럼 과외는 그만두고 엄마랑 같이 해보자. 엄마도 나영이랑 같이 중학교 수학공부 좀 해봐야지."

그렇게 6개월의 수학과외는 끝이 났지만 엄마와의 수학공부가 시작되었다. 어떻게 공부를 할지 계획을 짜고 차근차근 다시 시작했다. 모르는 문제가 나오면 같이 고민해 보고 엄마는 옆에서 나를 응원해 주셨다.

나는 다시 내 방식대로 공부했다. 무작정 문제만 많이 풀어보는 것이 다는 아니라는 것을 알고, 한 문제를 풀어도 정확하게, 틀린 것이 있으면 맞을 때까지 아무런 도움 없이 내 힘으로 풀었다. 나는 수학 첫 단원부터 혼자서 다시 시작해서 배우지 않았던 함수는 엄마와 함께 집에서 예습을 했다. 오히려 집에서 그렇게 하는 것이 훨씬 더 재미있었다. 막히는 문제는 엄마에게 질문하고 엄마도 모르면 같이 머리 맞대고 풀어냈다. 그렇게 나는 수학의 재미를 찾아갔다. 선생님이 정답을 말하도록 이끌어주는 것, 방법을 모두 찾아주는 것 보다 내가 답을 찾는 것, 또 다른 나만의 방법을 찾아나가는 것이 나에겐 맞는 것 같다. 난 오기가 생겼다. 나는 과외만 믿고 사는 아이들에게 과외 없이도 잘 할 수 있다는 것을 보여주고 싶었다. 그래서 더 열심히 노력했는지도 모르겠다.

일단 나는 쉬운 문제집으로 예습을 하였다. 설명이 자세하게 되어있는 문제집으로 예습을 한 후에 중간정도의 문제집으로 실력을 다졌고, 심화 문제집으로 정리했다. 심화 문제들과 틀린 문제들은 다섯 번도 넘게 푼 것 같다. 풀고 나서 잊을 만하면 다시 풀었고, 계속 반복해서 풀었다. 일차방정식과 함수의 활용문제들은 특히 더 많이 풀었다. 학교에서 배운 내용에 맞춰 다시 풀고, 시험기간에는 심화문제집의 틀린 문제들을 다시 한 번 더 풀고, 교과서에 나오는 문제들을 완벽하게 정리해 풀었다. 계속되는 반복으로 실수는 많이 줄었고 교과서 문제를 거의 외우다시피 함으로서 정확도를 높일 수 있었다.

그렇게 나만의 방법으로 공부하여 첫 중학교 수학시험을 보았다. 1단원은 최소공배수와 최대공약수에 대한 내용이었다. 초등학교 고학년 때 한번 배웠던 내용이었지만, 소인수분해라는 새로운 개념 때문에 복잡했다. 초등학교와는 다른 심화 문제들에 나는 혼란을 맞아야 했다. 하지만 나는 나만의 방법으로 최선을 다했고, 결과는 만점. 시험결과가 나왔을 때, 수학 선생님께서 아이들에게 말씀하셨다.

"나영이는 다른 친구들과 비교했을 때, 풀이과정도 깔끔하고 정말 잘했어. 모두 박수!"

나는 들뜬 마음으로 학교가 끝나자마자 엄마에게 전화했다. 엄마는 정말 기뻐하셨다. 실수 없이 10문제를 완벽하게 풀어냈다는 것과 초등학교 때처럼 실수를 하지 않았다는 것에 흐뭇해 하셨다. 바로 엄마는 나를 데리러 학교로 오셨다. 집으로 가면서 엄마는 열심히 하면 안 되는 게 없다며 앞으로도 이렇게 너만의 방법으로 쭉 하면 잘 할 수 있다고 하셨다. 그리고

"나영아! 고마워."

하며 웃으셨다.

"응."

나는 아무렇지도 않게 대답했다. 하지만 내가 대답하고도 이상했다. 왜 엄마가 고마워해야 하지? 정작 고마워해야 할 사람은 내가 아닌가? 그래서 난 다시 대답했다.

"엄마도 고생 많았어요. 나 가르치느라고."

엄마는 그 말에 감동하셨다며

"힘들어도 정말 열심히 해줘서 고마워! 우리 딸 멋져!"

하시며 만점을 받은 기념으로 엄마는 내가 좋아하는 맛있는 아이스크림을 사 주셨다.

그 후 학교에서 수학시험이 있었지만 나는 실수 없이 다 만점을 받았다. 친구들은 그런 나를 부러워한다. 따로 학원이나 과외에서 배우는 것도 아닌데 시험만 보면 만점인 나를 신기해한다.

수학 공부하면서 내가 배운 것이 하나 있다면, 바로 실수에 도전하는 것이다. 우리가 덧셈, 뺄셈 같은 기초적인 연산들을 잘 맞추는 이유는 결코 그 문제들이 쉬워서가 아니다. 그만큼 많이 반복하였기 때문이다. 문제의 양은 중요하지 않다. 한 문제를 얼마나 정확하게 풀어내느냐가 중요한 것이다. 계속 반복하여 당연한 것이 되었을 때, 나는 비로소 실수의 늪에서부터 벗어날 수 있었다. 그러니까 일차방정식, 함수 같은 문제들도 덧셈과 뺄셈처럼 '당연한 것'이 될 때까지 연습 또 연습해야 한다. '틀렸으니까 해설을 보고 베껴 적어야지' 가 아니라 '뭐가 잘못된 거지?' 하고 다시 생각하고 내 힘으로 풀어 보는 것. 그것이 가장 중요하다고 생각한다. 나만의 방법을 찾아 수학공부를 한다면 절대로 수학이 싫어지지는 않을 것이다.

# 봉사

박 효 진
(서초중학교 3학년)

　초등학생 때부터 학교에서 봉사 활동하러 가는 것을 좋아했다. 사소한 하나라도 내가 도와줄 수 있고, 그걸로 인해 행복하게 웃어주는 사람들을 보니 너무나도 즐겁게 활동하였다. 중학교에 올라오고 나서부터는 내가 봉사활동을 스스로 찾아서 하고, 또 찾고 또 찾아서 정말 열심히 봉사를 하려고 노력하였다. 봉사를 하면서 느낀 것이 있었다. 내가 잘하는 것이든 못하는 것이든 노력함으로써 보여주는 것이 얼마나 행복한 것인지를 깨달았고, 사람들이 나를 보고 고맙다고 하면서 웃어주는 것이 행복하고, 뿌듯하다는 것도 알게 되었다. 누군가를 웃게 해주고 도와준다는 것 자체가 당연하다는 생각이 든다. 내가 할 수 있는 만큼의 정도에서 최선을 다하면 되는 것이 봉사니까 말이다. 그리고 봉사를 하면서 내가 내 자신에 대해 더 긍정적으로 생각하게 되고, 나도 괜찮은 사람이라고 느끼게 해주었다. 자신감을 갖게 해주고, 더 많은 행복감과 뿌듯함, 성취감을 느끼게 해주어서 너무나도 감사하다. 내가 하고 있는 봉사는 누구나 할 수 있다고 생각이 든다. 하지만 누구나 할 수 있지만, 하지 않는 사람들이 더 많다고 생각이 든다. 시간이 없다거나 귀찮다거나 등등 핑계를 대면서 말이다. 봉사를 하면 사람이 부지런해진다는 것을 나는 조금 느꼈다. 빨리 빨리 그 행동을 하고 도우면서 대처 능력도 빨라졌다고 느껴진다. 또한 그렇게 나보다 힘들고 부족한 사람들을 도우면서 드는 생각이 이렇게 도우면서 같이 행복하게 해준다면, 내가 그런 상황이 닥쳤을 때 착한 일을 한만큼 나에게도 손을 뻗어 줄 것 같다는 느낌이 들었다. 항상 봉사활동을 하지는 못한다는 것을 알기에 시간이 나면 틈틈이 봉사활동을 하려 한다. 그리고 이제는 그런 틈틈이 비어있는 시간이 줄어들기에 이번 년도에 봉사동아리에 가입하고 잘 활동하고 있다. 내가 봉사를 하는 곳은 영어를 사용해서 지역 아동센터에서 즐거운 추억을 쌓아주는 것이다. 왜 많은 봉사활동 중 어린아이들을 대상으로 선택하였냐면 아이들이 귀엽고 사랑스러워서, 그렇게 있는 시간들이 너무나도 즐겁기 때문에 선택하게 되었다. 봉사 활동은 매주 토요일마다 가고 있다. 그러면서 이 봉사를 하면서 느끼고 경험을 하게 된 것이 굉장히 많은 것 같다. 아이들과 보낸 시간들이 나에게 더 많은 것을 깨닫게 해주고, 가르쳐주고, 즐겁게 해주는 것 같아서 너무나도 감사하다. 그런 감사함이 점점 나를 더 겸손하게 만들어주는 것 같다는 생각이 든다. 지역 아동센터에서 봉사를 할 때 그곳에 있는 아이들은 나를 잘 따라주고 그 아이들을 생각을 더 잘 알게 해주었다. 어떤 생각을 하는지, 무엇을 배웠는지 무엇이 행복하고 재밌었는지 말이다. 봉사를 한다는 것은 인생의 즐거움을 알게 해주었고, 점점 나의 행복의 원동력이 되어준 것 같아서 앞으로도 나는 계속 봉사를 할 것이다.

# 지옥들

김수민
(고양예술고등학교 2학년)

간판 글자가 너절하게 떨어져있는 슈퍼마켓 뒷골목. 가로등은 전구가 깨져 어둑하다. 교복 와이셔츠만 입은 남고생 무리가 실외 환풍기에 승혁(18)을 앉혀놓고 그 주위를 틈도 없이 둘러싸고 있다. 슈퍼마켓 주변에는 붉은색 담벼락과 작은 벤치 외엔 아무것도 없다. 슈퍼마켓 안에서 꾸벅꾸벅 졸고 있는 주인장. 주빈(18)은 승혁의 머리를 힘주어 쓸어내리며 주인장을 향해 눈짓하고 있다.

#1
**주빈** 썬프레소로 하나만. 혁아. 한 번에 잘 하자. 엉?
**승혁** 아, 안 될 것 같은데.
**주빈** (단숨에 머리칼을 쥐며) 안 되면 되게 하라. 그거 우리 급훈이잖아. 학생 된 도리로 이러면 안 되지.
**승혁** (작게 신음) 아! 주빈아. 나 근데 진짜 돈이 없어. 사다주고 싶은데…
**주빈** 누가 나한테 말 걸어도 된댔냐? 대답만 하랬잖아. 대답만. (승혁의 정강이를 걷어찬다)
**승혁** (정강이를 부여잡으며 일어나는) 아! 아… 응. 알았어. 다녀올게.

승혁은 고개를 푹 숙이고 가게 안으로 들어선다. 와이셔츠 안에 받쳐 입은 얇은 검은색 무지티에 교복 바지 차림이다. 인기척에 잠에서 깬 주인장이 눈을 가늘게 뜬다. 뒤에서 캔맥주를 사던 기현(25)은 이를 잠자코 지켜보고 있다.

**승혁**  레, 레종 썬프레소 하나요.
**주인장**  (무심하게 바코드를 찍으며) 신분증.
**승혁**  아, 아! 제가 그게. 있는데, 있는데! 가지고 나온다는 걸 깜빡했네. 집에 있어요.
**주인장**  그럼 가져와.
**승혁**  귀찮게 뭐 하러 또 가져와요. 어떻게 좀, 안 됩니까? 에? 저 바로 요기 사는데. 저 아시잖아요. 저번에도 여기서 샀었어.
**주인장**  아 그러세요? 그럼 더 잘 됐네. 가까우니까 뛰어 갔다 와.
**승혁**  아, 아저씨. 제가 진짜 급해서 그래요. 진짜 어디에도 소문 안 낼게요. 눈 딱 감고 한 번만 주세요. 다신 안…
**기현**  (캔맥주 두 개를 계산대에 올려놓는다) 썬프레소 하나요.
**주인장**  (눈을 크게 뜨며 기현과 승혁을 번갈아 쳐다보는) 아, 예예.
**기현**  수고하세요.


#2

창문으로 상황을 보고 있던 주빈과 친구들. 쩔쩔 매는 승혁을 보곤 소리 죽여 웃고 있다. 간간이 들리는 욕지기들. 기현은 표정 하나 변하지 않고 슈퍼마켓을 나서 주빈 앞에 멈춰 선다.

**기현**  (담배갑을 승혁의 머리에 세게 던지며) 자. 요 있네. 썬프레소.
**주빈**  ! (맞은 그대로 서있는)

기현  키가 왜 좆만한지 알겠다. 늬들 나이부터 담배 피우면 뼈 삭아 새끼들아.
친구1  아 씨팔. 뭐야? 아저씨 뭔데요.
기현  아직 형이야 인마. 형 해 봐, 형.
친구2  (헛웃음) 좋은 말로 할 때 가던 길 마저 가세요.
기현  형 ~ 해 보라고. 그럼 잠자코 갈 텐가.
주빈  (눈빛 바뀌어 주먹 휘두르는) 야, 이, 개--새끼야!!
기현  (능숙하게 고개를 돌려 피한다) 아저씨, 개새끼 아니고 형이라니까.
주빈  (당황한 듯) 뭐, 뭐야?
기현  아니, 몇 번을 말해 줘야 알 거야? 형이라니까. 이건 뭐 뼈는 튼튼한 것 같은데 뇌가 삭았나.
주빈  (달려들려는 친구들을 손짓으로 제지하며) 야. 됐고. 이승혁이나 불러와.
기현  (슈퍼마켓 안을 가로막으며) 아, 아 몰라. 형 할 때까지 안 비켜.
친구3  야! 이승혁! 미친 새꺄 나와 좀 씨팔. 상황 안 보여?
승혁  (슬그머니 문을 열고 나오는) 미, 미안. 언제 나와야 할지를 몰라서.
기현  (자연스럽게 승혁과 어깨동무) 승혁아. 형 해 봐. 형~
승혁  (기현을 조심스레 올려다보며) …혀, 형.
기현  지. 착해라. 넌 가라. 빨리 가.
주빈  친 새끼 아니야. 재수가 없을라니까 씨팔 별 병신 같은 새끼가 와서는.
기현  (승혁을 향한 악의 없는 환한 웃음) 왜 안 가. 응? 얼른 가.

#3

등 떠밀려 주춤주춤 멀어지는 승혁과 어이없단 듯 해탈한 주빈. 주빈의 눈치를 보는 친구들은 어찌할 바를 모르고 서 있다. 이내 승혁이 멀리 달아나자 기현은 들고 있던 캔맥주를 내려놓고 주빈을 제외한 친구들 모두를 때려눕힌다. 속절없이 쓰러져 앓는 소리를 내는 주빈 무리.

**주빈** 뭐, 뭐 하는 새끼야 너.
**기현** 이야~ 끝까지 형 소리 한 번을 안 해 주네. 형 쫌 섭하다. (다리를 굽혀 쓰러진 아이들과 눈을 맞춘다) 너네라도 해 줘봐. 엉?
**친구1,2,3** 허, 형… 아. 윽.
**기현** 이렇게 잘 할 거면서. 부끄러웠어?
**주빈** 뭐 하는 새끼냐고!!!!!
**기현** (주빈 무리의 복부를 발로 꾹꾹 밟으며) 자. 이건 참 잘 했어요 도장이야. 이제 빨리 꺼져. 걸리적거리니까. 아 맞다. 그리고 형 요기 산다? 자주 보자 우리.

친구 1,2,3의 교복은 밟혀 길거리에 널브러져있다. 주머니에서 나오는 담배 몇 갑들. 주빈 무리는 아무것도 챙기지 못하고 겨우 일어나 빠르게 퇴장한다. 어느새 무대엔 슈퍼마켓 간판의 불이 꺼지고 주빈과 기현 둘 뿐이다. 뒷정리를 하는 기현의 눈치를 보며 조금씩 뒷걸음질 치는 주빈.

#4
**기현** (뒤도 돌아보지 않은 채) 형이 너 가란 얘긴 아직 안 했잖아.
**주빈** (그대로 얼어붙는) 네?
**기현** 넌 잠깐 일루 와봐. 안 때려 인마. 쫄지 말고.
**주빈** (노려본다) 왜, 왜요.
**기현** 형이 오라면 오는 거지 새꺄. 말이 많어. (벤치에 앉아 옆자리를 톡톡 친다)

**주빈** (기현과 멀찍이 떨어져 앉는다)

**기현** (찌그러진 담배갑을 뜯어 주빈에게 한 대 준다) 이게 그렇게 궁했어? 피워라. 맘껏 피워, 오늘은.

**주빈** (떨떠름하게 받아든다) …감삽다.

**기현** 어야. 앞으로도 담배가 너무 피우고 싶으면 형한테 연락해. 다 큰 성인이 자라나는 새싹들한테 이러면 안 되는 거 아는데. 넌 이미 돼진 새싹이라 상관없지 싶다. (주머니에서 명함을 빼서 건네는)

**주빈** (혼잣말) XX 체육관 유도부… 관장?

**기현** 어엉. 이제 좀 형이 무서워? (사이) 형도 니 나이 때 담배 피웠어. 담배 셔틀 하다가. (비벼 끄는) 그래서 아직도 못 끊나 봐.

**주빈** 형이요?

**기현** 당장이라도 너 엎어칠 수 있다고 생각하니까 형 소리가 절로 나오지?

**주빈** 아, 아니, 그게 아니라,

**기현** 아니긴 뭐가 아냐. 무튼 담배 말릴 땐 형한테 꼭 연락해. 괜한 애 죽이지 말고.

**주빈** … 뭘 죽여요. 그냥 자기 거 사올 때 내 것도 하나 부탁한 거지.

**기현** 너 그거 사람 하나 죽이는 거야. 손가락 마디만도 못한 이 담배 하나 땜에 걔는 손가락 마디마다 아팠을 거라고. 그러지 마. 이거 부탁 아니고 경고야.

**주빈** (담배를 툭 떨군다)

**기현** 다음에 또 그러는 거 보이면, 그때는, 오늘 이렇게만 끝난 걸 고마워하게 될 거야. 형도 걔네한테 어떻게든 좀 안 맞아보겠다고 악으로 깡으로 운동한 거 사람 때리는 데 쓰고 싶지 않아. 그러니까 네가 형 좀 도와주라. (주빈의 명찰을 슥 훑어보며) 주빈이? 엉. 주빈아. 새끼 이름은 예뻐 가지고.
**주빈**  … 감사합니다.
**기현**  칭찬 아냐 새꺄. 너 공부 못하지. 아까부터 말귀 되게 못 알아먹네. 니 부모님은 공 들여 예쁜 이름 지어놓고 부르실 때마다 숨이 턱, 턱, 막히실 거다. 부르고 싶지 않아도 억지로 네 이름 부르는 승혁이야 더 말할 것도 없고. (사이) 이름값 해라. 그게 효도야.
**주빈**  (사이) 형은요?
**기현**  어?
**주빈**  형은 효도해요?
**기현**  (작게 한숨) 아니. (긴팔 소매가 가리고 있던 손목을 걷어 보여주며) 보이지. 담배빵이야 이거. 걔네한테 맞아서 입술이든 맘이든 쥐어터진 날엔 꼭 그랬어. 한 번 빨고 한 번 지지고.
**주빈**  (놀라는) 왜요? 왜 그랬…
**기현**  엉망이던 그날을 잊을 수 있을만한 더 큰 충격이 필요했거든. 지질 때만큼은 너무 아파서 오늘 내가 무슨 말을 들었는지 어딜 맞아서 아픈지 그런 거 생각 안 나. 일종의 발악이기도 했고.
**주빈**  걔네한테 하는?
**기현**  아니. 울 엄마 아빠한테. 좀 알아달라고. 나 이렇게 아프다고. 남이 날 아프게 하는 게 너무 아파서 나라도 날 아프게 하지 않으면 안 될 것 같다고. 그렇게. (말을 끝맺으며 캔맥주를 따 단숨에 들이킨다)
**주빈**  그래서… 알아 주셨어요?

**기현** 외면하셨지. 담배 피우는 거 걸린 날에만 죽도록 맞았어. 어쩜 애들이 때린 곳만 골라서 잘 때리시는지. 원래 맞을 땐 악 소리도 내면 안 됐거든. 소리 내면 내는 대로 한 대씩 더 맞았어. 그래서 습관대로 어금니 꽉 물고 버티고 있더라. 부모님 앞에서도. 이러는데 어떻게 모르셨겠어. 아셨겠지. 그래서 나름 대처랍시고 해 주신 게 체육관 등록이었어. 다음날 네가 들고 있는 명함에 있는 체육관 번호만 딸랑하나 쥐어주시더라. 난 그게 나름 또 배려구나 싶어서 피투성이인 몸으로도 매일같이 나가서 어깨 나가고 무릎 갈리고 그랬지. 그 짓 한두 번 하다 보니까 또 두세 번 하게 되대? 그래서 여태 못 끊고 있다. 담배도 운동도.

**주빈** 그럼… 아는 데도 모른 척 하신 거예요?

**기현** 뭘 그렇게 놀라. 너도 알면서 나쁜 짓 하잖아. 네 옆에 서 있던 애들도 마찬가지고. 사실 방관이 제일 쉽고 죄의식 없는 거거든. 알아서 잘 이겨내겠지 싶으셨나봐. 별 다를 거 없이 지나가는 일상에 내가 속한 재앙을 끌어안고 싶지 않으셨을 수도 있겠고.

**주빈** … (고개를 푹 숙인다)

**기현** 너 그래도 양심은 있네. 네가 하는 게 나쁜 짓이라는 거 알아서 다행이다. 엄청 나쁜 짓이야 그거. 너희들 말로 하면 좆 빠지게 나쁜 짓이라고. 알면 고쳐. 안 늦었어. 아까 다 돼진 씨앗이라고 한 말, 그거 그냥 한 말이야. 너 겁 좀 먹으라고. 근데 겁은 충분히 먹은 것 같으니까 그래도 아직은 자라날 수 있는 씨앗으로 정정할게. (캔맥주를 주빈의 옆으로 밀어주며) 늦지 않게 들어가라. 부모님 걱정하신다.

**주빈** … 형!

**기현** 그래. (주빈의 머리를 쓸어준다) 담에 또 보자. 그럴 거야.

#5

그 후, 상황을 모조리 지켜보고 있던 슈퍼마켓 주인장의 신고로 학교 폭력 위원회에 회부된 주빈과 무리들. 그중에서도 주빈은 집단 따돌림과 폭행 등 중한 죄목에 모조리 올라 있는 상태이다. 풀어헤친 교복 차림으로 슈퍼마켓 쪽으로 멀리서 터덜터덜 걸어오는 주빈과 친구들. 주빈은 무언가를 깊게 고민하는 표정이다.

**친구1** 야. 빈아. 우리 어떡하냐. 진짜 이러다 좆 되는 거 아냐?
**친구2** 아. 좀 닥쳐. 안 그래도 심란해 죽겠는데.
**친구3** 아니 상황이 그렇잖아. 아까 담임 말하는 거 들어보니까 그냥 넘어갈 것 같진 않더만. (주빈의 눈치를 본다) 빈아. 우리 입 안 맞춰 봐도 되냐?
**친구2** 어. 그래. 입 맞추자. 장난이었다고 하는 건 너무 진부하니까,
**친구1** (말 끊고) 어차피 믿지도 않을 걸.
**친구3** 그냥 이승혁이 먼저 시비 걸었다고 하자. 그래서 그날 그러지 말라고 말하다가 안 돼서 몇 대 가볍게 때렸다고 하는 거지. 그럼 뭔가 앞뒤가 맞지 않냐?
**친구2** 야. 이 빡대가리 새끼야. 이승혁 저런 얼굴로 학교 다니는데 그걸 담임이 믿겠냐? 그리고 애초에 걔가 우리한테 시비 걸 일이 뭐가 있어.
**친구3** 아… 그런가. 아 진짜 빈아. 우리 어떡해, 네가 말 좀 해 봐.
**주빈** (작게) 다… 꺼져.
**친구3** 어? 뭐라고?
**주빈** 다 꺼지라고!!!!!
**친구1,2,3** (서로의 옆구리를 쿡쿡 찌르며 주빈의 눈치를 본다.)

친구 1,2,3 빠르게 퇴장한다. 그때 들리는 담임의 목소리(나레이션) "이 주 내로 학폭 위원회 열릴 거야. 증거도 다 있다고 하니까 빠져나갈 생각 마. 가서는 무조건 잘못했다고 해. 기껏해야 등교 정지 며칠 먹을 거야. 반성문 내일까지 제출하고." 한숨을 푹 쉬곤 벤치에 앉아 눈을 감아버리는 주빈.

#6
때마침 슈퍼마켓에서 나오던 기현. 돌아서려다 익숙한 교복에 벤치 앞까지 가서 선다. 그림자 때문에 갑자기 어두워진 시야에 주빈은 슬며시 눈을 뜬다.

기현 이게 누구야.
주빈 어? 형! (벌떡 일어선다)
기현 (주빈의 차림새를 빠르게 훑곤) 엉. 이젠 안 시켜도 알아서 잘 부르네. (사이) 근데 오늘은 왜 네가 얻어맞고 온 표정이야.
주빈 아녜요.
기현 그래. 다행이다. 네가 어디 가서 맞을 상은 아니긴 하지. 그럼 왜.
주빈 형, 저 (사이) 학폭 걸렸어요.
기현 (크게 웃는다) 야. 진짜? 진짜야? 이야. 오래 살고 볼 일이다 진짜. 그게 실제로 열리기도 하는구나.
주빈 웃겨요 이게?
기현 자알됐다. 정신 똑바로 차리고 와. 좋은 기회겠네.
주빈 아 씨. 형 누구 편이에요?
기현 나? 나는 이기는 놈 편이지. 가만 보니까 넌 질 것 같은데.
주빈 생기부에 빨간 줄 제대로 그일 것 같은데. 아 진짜 저 어떡해요. 대학도 못 가고 취직도 못하면?

**기현**  너 말하는 뽄새를 봐선 대학은 그런 거 없어도 못 갈 것 같고… 취직은 글쎄다. 그래서 잘 안 열리는데. 나도 악에 받쳐서 몇 번 신고했었어. 할 때마다 친하게 지내라고 악수 시키고 억지로 쓴 티 딱 나는 반성문이랑 사과문 받아가며 어물쩡 넘어갔었지. 방과 후엔 당연히 배로 처 맞았고. 그래도 세상 좋아졌네. 물론 제대로 해결이 되진 않겠지마는 서류상으로라도 처리는 해 주는구나. (사이) 부럽다.

**주빈**  그게 할 말이에요 지금?

**기현**  그럼 어쩌냐 인마. 다 네 업보지. 형은 진짜 차라리 다행이라고 생각해. 너 같은 새끼들이 사람 구실도 못하고 사회 나온다고 생각하면 (몸을 부르르 떤다) 아우, 생각만 해도 소름이 돋는다.

**주빈**  빡치게. (기현을 흘긴다)

**기현**  얼레. 눈 예쁘게 안 떠 새꺄? 그리고 누가 형한테 그런 말하래. 근까 내가 나쁜 짓 하지 말랬지.

**주빈**  아! (크게 소리를 지르다 점점 작아지는 목소리로) 저 이제 안 그래요. 형이랑 만난 그 날부터… 안 그래요. 진짜.

**기현**  (놀란 듯) 그래? 기특해라.

**주빈**  나중에도 돈 못 벌면 전 뭐 먹고 살아요. 진짜… 형.

**기현**  그치. 사실 돈이 짱이지. (사이) 근데 빈아. 그게 네가 학창시절에 승혁이를 잠깐 동안 못살게 했던 거 년 사회 생활할 때 못살게 하는 방식인 거야. 그래야 공평하잖아. 승혁이가 못살았던 만큼 너도 못살아 봐야지. (사이) 그게 그냥 한 말에 맞아 죽은 승혁이를 위한 애도고 추모야. 가서는 깽판 치지 말고 진심으로 반성해. 너 좆 될 것만 각하지 말고.

**주빈** …반성하고 있어요. 너무 후회 돼. 지금에서야.

**기현** 응. 너도 아파봐야 되는 거야. 이겨내. 형은 너한테 이런 시간이 꼭 오길 바랐어. 생각보다 빨라서 놀랐고. 근데 어쩔 수가 없다. 오롯이 혼자 이겨내야 돼 그건. 그렇다고 형이 했던 것 마냥 너 해치는 짓은 하지 말고. 인간 말종 쓰레기 같은 새끼들도 나를 해치면서까지 몰두할 일은 세상 어디에도 없는 거야.

기현은 급히 눈물을 훔치는 주빈을 말없이 꼭 안아 준다. 처음으로 모든 걸 내려놓고 통곡하는 주빈. 그대로 채도가 낮아지는 무대 위. 슈퍼마켓 간판의 불이 희미하게 들어온다.

#7

코를 훌쩍이며 잦아드는 주빈의 울음. 기현은 음료수 한 병을 사들고 나온다. 벤치에 앉아 멍하니 한 곳을 응시하는 주빈. 기현은 주빈 옆에 조심스레 앉아 음료수를 건넨다.

**기현** (작게 한숨) 네가 지금 이러는 건, 아무것도 아니야. 그러니까 그렇게 죽을상 하고 있지 마. 진짜 암 것도 아냐 인마. 형은 거짓말 안 해. (어깨를 툭툭 친다)

**주빈** 근데… 근데 있잖아 형. 나 죽어서는 지옥에 갈까?

**기현** 갑자기 그런 얘긴 왜 해.

**주빈** 아니 그냥.… 문득 세상에 무서운 게 너무 많아져 버려서.

**기현** 지옥은 세상 아냐. 그러니까 무서워할 필요 없고.

**주빈** 그래도 궁금해.

**기현** 승혁이는 지금이 지옥일 거야. 다 각자 다른 지옥에 살고 있는 거지. 세상에는 사람 수 만큼의 지옥이 있어서 너도 너만의 작은 지옥에서 살아내고 있는 중일뿐야. 그러

　　　　니까 그걸 포기하진 마. 다들 그래. 너만 그런 거 아니고.
주빈　그럼… 난 이승혁 지옥을 손수 만들어 준 셈이네. 가겠다. (사이) 지옥.
기현　염라한테 물어보든지.
주빈　(실소) 고마워요.
기현　뭐가 인마.
주빈　그냥. 나 같은 새끼도 사람이랍시고. 사람 취급 해 줘서.
기현　사람이니까 사람대접 하는 거야. 누구든 너를 사람으로 안 대하는 애들하고는 상종하지 마.
주빈　그게 부모여도?
기현　(놀란 듯 주빈을 쳐다본다)
주빈　나 사실 엄마가 없어요. 나 낳고 바로 도망갔대요. 아빠는 어딨는지 모르겠고. 둘 다 한 번도 본 적 없어. 원래는 할머니랑 같이 살았었는데 돌아가신 지 얼마 안 됐어요. 그래서 밤엔 알바 두 개씩 뛰고 하루에 겨우 급식 한 끼 먹으면서 혼자 살아요. 몰랐죠. 근데 어쩌다 이승혁이 부모님 차타고 같이 하교하는 걸 봤는데. 뭐랄까… 처음 느껴보는 감정이었어요. 뺏고 싶은 건 아닌데, 나만 왜 이러나 싶었어. 영화에서나 보던 비가 막 쏟아지던 날도 아니었고 되게 맑았는데. 그냥 이런 아무것도 아닌 날에도 쟤는 부모가 있구나 싶더라. 형도 부모는 있잖아요.
기현　그래, 있기야 하지. 몰랐네, 전부. 말을 하지 그랬어.
주빈　말한다고 부모가 생기나. 뭐하러요.
기현　밥이라도 한 끼 사줬을 거 아냐.
주빈　밥은 없어도 되니까 형. 내가 만약에 사랑 많이 받고 자랐으면, 아니 꼭 그렇지 않더라도 남들 다 있는 그런 부모라도 있었으면, 어땠을까요. 요즘은 가끔 그런 생각해요. 평생 안 할 줄 알았던 생각을. 형 만나고 나서부터.
**기현**  (사이) 너, 꽤 오랫동안 지옥이었구나.


#8
기현의 말을 끝으로 무대는 천천히 암전된다. 슈퍼마켓이 있는 동네 거리에서 교실로 바뀌는 무대. 다른 교실보다 높은 교탁엔 위원장이 서 있고 양쪽엔 배심원단이 앉아있다. 중앙엔 주빈이 그 뒤엔 대기하는 주빈 무리가 앉아있다. 한창 진행되고 있는 학교 폭력 위원회 현장.

**위원장**  자, 그럼 지금부터 김주빈 학생의 진술을 들어보도록 하겠습니다.
**주빈**  네. 2학년 1반 김주빈입니다.
**위원장**  6월 18일 금요일, 밤 9시경 이승혁 학생을 집단으로 폭행하고 담배를 사오도록 협박한 것이 사실입니까?
**주빈**  네, 그렇습니다.
**위원장**  그렇게 했던 특별한 이유가 있습니까?
**친구1,2,3**  (작게 소곤거리며) 아… 저 미친 새끼 뭐라냐. 입 맞추기로 했잖아. 맞다 그러면 어떡해!
**주빈**  없습니다.
**위원장**  (놀란 듯 서둘러) 그럼… 이것으로 진술을 마치도록 하겠습니다. 배심원단은 김주빈 학생의 죄질을 판단하여 현명한 판단을 내려 주시기 바랍니다. 김주빈 학생은 최후 변론을 시작해 주세요.
**주빈**  다… 다른 지옥에서 살고 있는 거라고 누가 그랬습니다. 잠깐 승혁이의 지옥이 제 지옥보다 살기 좋아 보여서 그랬습니다. 제가 없는 것들을 가진 승혁이가 마냥 부러웠습니다 그땐... 부모가 있는 게 부러웠고 돌아갈 집에 있다는 게 부러웠고, 그래서 승혁이는 천국서 사는 줄 알았습니다. 이유가 될 수 없는 열등감이라 조금 전에 이유를 물으셨을 때 답하지 않았습니다. 승혁이도 나름의 깊은 지옥에서 살아내고 있다는 걸 너무 늦게 알았습니다. 어떤 벌을 주시든… 저도 제 나름의 지옥에서 버티며 받겠습니다. 잘못했습니다. 죄송합니다. (허리 숙인다)

**위원장** 배심원단은 김주빈 학생에 대한 최종 판결문을 읽어 주세요.

**배심원** 2학년 1반 김주빈 학생은 집단 폭행과 협박 및 여타 죄질이 높으나 진심으로 반성하는 모습과 앞으로의 발전 가능성을 고려하였을 때 변화할 수 있는 면모가 보이므로 사회봉사 20시간과 등교 정지 일주일 처분 내리겠습니다.

**주빈** (담담하게 꾸벅 인사하고 나서는) 감사합니다.

**위원장** 이상으로 김주빈 학생에 대한 학생 재판을 모두 마치겠습니다.


#9

교실 문을 열고 나오는 주빈 앞에 서 있는 기현. 팔짱을 끼고 옅게 웃고 있다. 밝은 조명이 기현과 주빈을 비춘다.

**주빈** …형?

**기현** 어야. 오늘만 부모 노릇 좀 해 볼란다.

**주빈** (눈물이 울컥 차는)

**기현** 울지 마. 너 여기서 울면 예의 아냐. 뚝 그쳐.

**주빈** 응. 고마워요. 처음이야. 이런 거.

**기현**  나도 부모는 첨이다, 인마. 승혁이한테 사과하고 와. 그리고 밥 먹으러 가자. 너 평소에 밥 잘 못 먹는다며. 그게 내내 걸리더라. 그래서 온 거야. 구실은 있어야 할 것 같아서.

고개를 끄덕인 주빈은 승혁과 승혁 부모 앞으로 천천히 다가가 선다. 놀라 움찔하는 승혁. 승혁의 부모는 승혁의 어깨를 감싸 안고 상황을 숨 죽여 지켜본다.

**주빈**  승혁아.
**승혁**  가.
**주빈**  (승혁의 부모를 보곤 허리를 숙인다) 죄송합니다.
**승혁**  가라고.
**주빈**  네가 사과 받을 준비가 되면 그때 다시 불러 줘. 어디 있든 언제든 갈게. 무작정 내 죄책감 덜자고 지금 사과하는 것보다 그게 나을 것 같아. 내가 충분히 아플 수 있고 네가 충분히 괜찮아질 때 불러 주라. 부탁할게. 처음으로 너한테 명령 아니고 협박 아니고 부탁해 볼게 승혁아. (무릎 꿇는)
**승혁**  (눈 질끈 감아버린다) 야. 너 지금 뭐,
**주빈**  나 지금 그냥 너한테 용서 받으려고 이러는 거 아니야. 너희 부모님 앞에서 나는 이렇게 있어야 할 것 같아서 그래. 대답 안 해도 돼. 그리고… 진심으로 미안해. 더는 나 때문에 그 지옥에서 죽지 않았으면 좋겠어. 이제 내가 숨 막힐 차례야. (울컥 차는 울음을 삼키며) 미안해.

승혁과 승혁 부모는 무릎 꿇은 주빈을 보며 알 수 없는 표정을 짓고는 무거운 발걸음을 떼며 퇴장한

다. 주빈은 다정하게 어깨를 감싸 안은 승혁과 승혁 부모를 보곤 눈을 질끈 감아버린다. 주빈의 턱 끝을 타고 하염없이 흐르는 눈물. 무대에는 주빈의 숨죽인 울음소리만이 가득하다.

#10
무대는 다시 슈퍼마켓이 있는 동네 거리로 바뀌고 기현과 주빈은 조금 부풀어 오른 배를 치며 걸어 나온다.

**주빈** 잘 먹었어요, 형.

**기현** 나도 잘 먹었다.

**주빈** 오늘 여러모로 감사해요. 어떻게 다 갚아야 할지 모를 만큼.

**기현** 죽어서 갚아. 지금은 열심히 아프려고 노력하고.

**주빈** 왜? 형도 지옥 가요?

**기현** 가지 싶다. 우리 거기서 또 만나겠네. 환생은 무리려나.

**주빈** 형. 형은 환생 같은 거 믿어요? 죽어서도 산다는 게 난 영. 모르겠던데.

**기현** 이 지옥 같은 인생을 몇 번씩이나 더 살게 해 준다는데. 안 믿고 싶지. 그거 그냥 자기 인생 별로 안 사랑하는 새끼들이 멋대로 써제낀 헛소리야. 믿지 마. (사이) 오늘은 그래도 좀 애 같네. 빈아. 세상은 원래 자기 인생 너무 사랑하는 사람들이 자꾸 죽어서 슬픈 거야. 애착도 미련도 다 사랑해서 나오는 거니까. 너나 나나 이 좆(지옥처럼 발음하며) 같은 인생을 너무 사랑하는갑다. 그래서 괜히 슬프네 오늘은.

**주빈** 기분이 이상해요. 형 말대로 우리가 각자의 지옥에서 살아지는 게 아니라 살아내고 있단 건 이제 알겠는데 내가 그 지옥에서 바이러스 같은 걸 제공한 느낌이야. 근데 나만 면역체계가 있어서 다들 나를 이유로 죽은 기분이에요. 무슨 말인지 알아요?

(사이) 승혁인 엄마 아빠 사이에 둘러싸여 있어도 전혀 행복해 보이지 않았어. 이미 죽은 눈 같았어요. 내가 죽인 걸까? 난 멀쩡히 산 사람의 눈을 하고 형이랑 다음 생에 대해 이야기 하는데, 승혁이는 못 그럴 것 같은 눈이었단 말이야. 난 이제 어떻게 해야 돼요?

기현  괜찮아질 거야. 형도 괜찮잖아. 사실 괜찮은진 잘 모르겠는데 지금은 적어도 담배를 피우지 지지진 않으니까. 괜찮은 셈 치자. 근데 그게 그냥 걔네랑 이제 볼 일이 없어서 그런 게 아니라. 나 같은 애들을 지옥으로 밀어 넣는 너 같은 애들을 봐도 너까진 불구덩이로 들어가지 말라고 말릴 수 있는 힘이 생긴 것처럼. 그러니까, 승혁이도 괜찮아. 괜찮아야지. 너한테 복수하려면. 내가 승혁이었음 기를 쓰고 환생해서라도 끝까지 복수할 것 같애. 근까 가만히 기다려 넌.

주빈  (사이) 윤회라는 거. 규칙과 질서가 있다고 들었어요. 형 나 이번 생엔 나쁜 짓도 많이 하고 앞으로도 그럴지도 모르는데 다음 생에 태어나면 담배 하나 살 돈이 있을까.

기현  없음 형이 줄게.

주빈  형도 없으면?

기현  이 기회에 끊지 뭐.

주빈  (기분 좋게 웃는) 그럴까. 형부터 끊어요.

기현  너만 끊으면 형은 바로 끊지. 아니, 야 근데 넌 새꺄 민짜잖아. 애초에 피우고 끊고의 개념이 있으면 안 되는 거 아냐? 웃긴 새끼네 이거.

주빈  아 무르기 없어요. 나 끊으면 끊는댔어 형.

기현  이래서 애 앞에선 찬물도 함부로 먹지 말아야 되는데 담배까지 피운 내 잘못이다. (옅은 한숨) 그래. 알았어.

**주빈**  진짜지? 나 내일부터 금연한다?

**기현**  어엉. (주빈의 머리를 쓰다듬는다)

점점 작아지다 멎는 둘의 말소리. 주빈과 기현은 주머니 속에 있는 담배 한 갑을 쓰레기통에 버리고 환하게 웃는다. 슈퍼마켓의 간판 불이 틱 하고 꺼지고 얼마 안 가 무대도 암전되며 막을 내리는 극.

## 도덕이 회복되어야 양성평등이 이루어진다

오 정 헌
(성지고등학교 2학년)

　지금의 우리 사회를 보면 후안무치(厚顔無恥)라는 말이 떠오른다. 옳고 그름을 판단하지 못하고 마치 배설을 하듯 책임지지 못하는 말을 하는 것을 보면서 너무도 부끄러운 생각이 든다. 특히, 장자연 사건과 버닝썬 사건, 그리고 김학의 사건을 보면서 여성의 인권을 유린하고 성적 학대를 가한 권력층들의 비도덕적 행위에 분개한다.
　나는 옳고 그름을 판단할 때, 크게 세 가지 관점에서 바라보라고 배웠다. 첫째, 그 행위가 공공성을 갖고 있는가? 둘째, 민주적인 공정한 절차를 밟았는가? 마지막으로 셋째, 그것이 설령 공공성과 공정성이 있다고 해도 그 안에 도덕성이 있는가?
　양성평등을 말할 때마다 집단지성을 떠올린다. 개인이 아무리 양성평등에 대한 의지를 갖고 있다고 해도 집단 수준이 아직 성숙되지 않았다면 개인의 성숙은 현실적으로 볼 때, 요원한 문제가 된다. 성경 말씀에 〈행함이 없는 믿음은 죽은 믿음〉이라는 문구가 있다. 실천을 하지 않는다면 아무리 성숙한 인격을 지니고 있다고 해도 소용이 없다는 것이다.
　나는 집단지성이 없는 사회는 개인의 성숙이 실천으로 옮겨지는 데 방해물이 된다고 생각한다. 정상적이고 보편적인 생각들이 오히려 비정상적으로 인식되면서 개인의 인격적인 행동은 점차 변질이 되고 급기야 우리 사회의 구조적인 병폐를 고착화하는 것이다. 이런 차원에서 나는 우리 사회가 구조적으로 큰 문제를 갖고 있다고 생각한다. 여성을 성적인 대상으로 여겨서 그들을 인격적으로 대하기보다 도구화 하여 그들의 인권을 유린하는 경우가 많다고 생각한다. 이것은 지위고하를 막론하고 우리 사회에 보편적으로 만연된 병리현상이요 잘못된 선입관인 것이다. 남들도 다 그렇게 하기 때문에 나도 그렇게 해도 된다는 생각을 갖고 있는데, 이렇게 되면 여성을 성적 대상으로 치부하는 잘못된 선입관은 고치기 힘들며 제 2의 김학의 사건이나 버닝썬 사건은 언제든지 재발할 수가 있는 것이다.

    나는 양성평등이 이루어진 나아가 도덕적이고 윤리적인 나라라고 생각한다. 그리고 그 도덕성이 확립된 나라야말로 진정한 선진국이라고 생각한다. 하지만 우리나라는 물질만능주의에 빠져 있다. 목적을 달성하기 위해서는 수단과 방법을 가리지 않는 사회가 되었고 쾌락과 정욕을 위해서는 자신의 영혼까지도 팔 수 있다는 파우스트적인 생각을 가지고 있는 사람이 많다. 이런 상황에서 평등과 진정한 자유를 논하는 것은 어쩌면 애시당초 불가능한 얘기인지도 모른다.

    따라서 양성평등을 실천하는 것은 그 나라의 미래를 세우는 일이자 현재의 문제점들을 해결하기 위한 시발점이 된다고 생각한다. 인간의 존엄성을 지켜나가고 그것이 여자가 됐든 남자가 됐든 그 자체로써 그의 삶을 존중해 나갈 때에 우리 사회는 비로소 신뢰하고 신뢰받을 수 있는 사회가 될 수 있다고 생각한다.

    나는 양성이 평등한 사회를 도덕적인 관점에서 접근하는 것이 필요하다고 생각한다. 그것은 타자의 인격을 존중하는 일이며 자신의 인격을 도야하는 일이다. 부모님의 말다툼을 가만히 지켜보면 상대의 의견을 존중하지 않았기에 시작되는 경우가 많다. 여자 친구들과의 언쟁도 가만히 살펴보면 내용과는 상관없이 작은 것에서 서운한 말을 하거나 상대의 인격을 무시했을 경우에 일어나는 것을 보게 된다. 도처에 깔려 있는 평등하지 않다고 말하는 모든 부분들이 도덕적이지 못한 것에 따른 서운함과 상처에 기인하고 있음을 볼 때에 양성평등은 도덕성이 회복될 때 비로소 실현 가능한 일이라고 보는 것이다.

다시 말하지만 도덕성이 회복된 사회야말로 선진국이라고 말할 수 있다. 아무리 거대한 자본과 시장을 갖고 있다고 해도 도덕과 윤리가 실추된 사회에서는 행복한 삶을 살 수가 없는 것이다. 나의 어머니와 나의 딸이 존중 받고, 더 나아가 사회적 약자들이 존중 받을 수 있는 그런 사회가 바로 진정한 사회요 진정한 공동체인 것이다. 도덕적으로 정의롭고 건강한 나라가 되기를 간절히 희망한다.

# 빨간색 우산

김 나 현
(서울디자인고등학교 2학년)

숨이 꽉 막힐 것 같았다. 여름이니 당연히 뜨거운 태양과 숨 막히는 더위 때문이라고 생각하겠지만 안타깝게도 절반만 맞았다. 마음이 뻥 뚫릴 듯한 파란색의 하늘은 지난 일요일이 마지막이었고 오늘은 목요일이었다. 잿빛의 구름들이 태양을 가려 낮 열두시 임에도 어둑어둑하였다. 빗줄기는 멈추는 법을 모르는지 월요일 아침부터 목요일 점심까지 현재 진행 중이었다. 그래도 비가 오면 이 더위가 조금은 잠잠해질까 싶었지만 그건 큰 오산이었다. 태양도 숨었는데 왜 이리 더운 건지, 오히려 비가 오는 바람에 습기가 가득 차 찝찝한 기분을 지울 수 없었다. 더위에 못 이겨 비가 온다고 기뻐했던 과거의 나 자신이 원망스러웠다. 난 왜 창가 쪽 자리인지 창문을 두들기는 빗소리가 더욱 선명히 들렸다. 원래부터 싫었던 비 오는 날이 더욱 더 싫어졌다. 곳곳에 물웅덩이가 가득한 아스팔트 보다는 아지랑이가 일렁이는 아스팔트가 차라리 더 나았다. 나흘 째 내리는 비도, 나흘 째 들리는 빗소리도, 나흘 째 들고 다니는 우산도 전부 싫다.

희소식이 들려왔다. 장마로 이어지나 싶던 비가 드디어 그친다는 것이. 일기예보가 정확하다면 오늘 오후 즈음에 그친다고 하니 기분 좋게 금요일을 마칠 수 있을 것 같았다. 여전히 비는 내리고 있지만 조금만 있으면 당분간은 안 볼 사이라 생각하니 아래로 푹 꺼졌던 기분이 꽤 나아졌다. 어제까지만 해도 듣기 싫던 창문을 두들기는 빗소리가 그렇게 나쁘지 않게 들렸다. 이게 바로 긍정적 사고의 힘인지 우울감이 조금은 덜어진 느낌이었다. 지금이 점심시간이니 하교 시간까지는 약 4시간 정도 남았다. 그때까지 비가 그치면 더할 나위 없이 좋겠지만 빗줄기가 조금 약해지기라도 하면 좋겠다고 생각했다.

나의 바람과는 달리 하교시간이 되어서도 빗줄기는 줄어들 줄 몰랐다. 그칠 기미는커녕 오히려 더 쏟아져 내리는 것 같은 기분이 들었다. 우산의 색도 마음에 들지 않았다. 어제는 네이비 색이었지만 오늘은 채도가 높은 쨍한 빨간색의 우산이었다. 분명 아침에 조금 늦잠을 자버려 미처 색도 확인하지 못하고 가방에 우산을 욱여넣고 다급히 나왔다. 그 많고 많은 우산들 중 하필이면 빨간색을 집어온 건지. 나는 전부터 빨간색이 싫었다. 정열을 상징하는 색이 나와는 정반대여서 부담스러웠다. 채도가 낮기라도 하면 그나마 낫지 태양과 닮은 쨍한 색의 빨간색이 어둑한 하늘과 대비되었다. 색을 확인하지 않고 나온 것이, 아니 애초에 늦잠을 자버린 것이 문제였다. 후회해봤자 이미 지난 일이라는 것을 알지만 자책하게 되는 것은 어쩔 수 없었다.

우산을 펴니 유독 튀어 보였다. 물론 아니겠지만 왠지 남들의 시선이 저에게 집중되는 기분이 들었다. 주목 받는 것을 싫어하는 나는 걸음을 전보다 바삐 움직였다. 우산에 부딪혀 내는 빗소리가 듣기 싫었다. 한 가지 좋은 점은 귀를 꽉 채워 다른 이들의 소음을 지워준다는 것이었다. 그렇지만 지금 상황에서는 오히려 또 다른 소음을 만들어 내는 것과 다름없었다. 오늘따라 집 가는 길이 훨씬 멀게 느껴졌다. 일기예보가 틀렸다. 얇아지길 기대했던 빗줄기는 그대로 굵게 내렸다. 그치지 않는 비가 원망스러웠다. 하늘에 구멍이라도 뚫린 건지 어쩜 닷새 동안 쉬지도 않고 내리는지. 차라리 내가 울고 싶은 심정이었다.

　끼잉 거리는 소리가 들려왔다. 빠른 걸음을 멈추고 소리가 들린 곳을 바라보니 작은 누런 색의 강아지가 홀딱 젖어 몸을 부르르 떨며 애처롭게 울고 있었다. 눈가에는 물기가 가득한데 빗물인지 눈물인지 구분할 수 없었다. 위를 가려주는 것이 없어 그대로 맞고 있는 것이 안쓰럽게 느껴졌다. 평소에 한 번도 보지 못했던 강아지라 혹시나 주인이 있는 강아지인가 싶었다. 가까이 다가가 우산 안에 강아지가 들어올 수 있도록 하였다. 이름이나 연락처라도 적힌 인식표가 있을까 싶어 목 주변을 살펴보았으나 휑하기만 할뿐 아무것도 없었다. 그새 빗줄기는 조금 더 굵어져 더 묵직한 소리를 내었다. 한참을 그리 서 있다가 계속 여기 서있는 건 무리라는 생각이 들었다. 이대로 지나가자니 저를 바라보는 애잔한 눈빛에 쉽게 발걸음이 떨어지지 않았다. 머릿속으로 여기서 집까지의 가장 빠른 길을 생각했다. 걸으면 10분 거리지만 뛰어가면 5분 정도 걸릴 것이다. 나는 돌아갈 집이 있지만 강아지에게는 그럴 곳이 없어 보였다. 내 손에 들려 있던 빨간색 우산을 강아지에게 씌워주었다. 그리고는 뒤로 돌아보지 않고 냅다 달렸다. 금세 머리와 신발이 축축해졌다. 비 때문에 시야가 가려져 넘어질 뻔 했다. 입고 있는 옷이 교복이 아니라 체육복이라 다행이라고 생각했다. 어느새 내 모습은 아까의 그 강아지와 같아보였다.

　씻고 나오니 아까의 찝찝함은 전부 사라지고 바디워시의 향이 코 끝에 맴돌았다. 그대로 침대에 누우니 온몸의 피로가 풀리는 것 같았다. 이불의 부드러운 감촉이 어서 자라고 재촉하였다. 그러나 지금 시간은 잠들기에는 너무 이른 시간이었다. 스마트폰 화면에 크게 22:00

이라고 표시되어 있었다. 그대로 메신저 어플에 들어가니 현재 활동 중인 친구들에게 연락이 왔다. 시시콜콜한 잡담을 나누다 보니 어느새 시간은 23시를 가리키고 있었다. 이대로 잠들기 아쉬워 게시글을 한 번 쭉 둘러보니 하품이 절로 나왔다. 스마트폰을 저 멀리 두고 베개에 머리를 뉘였다. 눈을 감으니 빗소리가 선명하게 들렸다. 아까보다는 빗줄기가 약해졌다는 것을 알 수 있었다. 갑자기 아까의 일이 생각났다. 그 강아지는 어떻게 됐을까? 여전히 그 자리에 계속 있으려나, 아님 주인이 있다면 데려갔을까? 두고 온 우산도 생각났으나 싫어하던 색이라 어떻게 되던 상관없었다. 어차피 버리거나 필요한 사람이 있으면 주려고 생각했었다. 오히려 강아지가 비를 피할 수 있게 좋은 일에 쓰였으니 그걸로 임무 완수다. 눈앞이 검게 물들고 생각이 멈추고 의식이 흐려졌다. 꿈에는 비에 홀딱 젖은 누런색의 강아지가 나왔다.

    다행히 더 이상 빗소리는 들리지 않았다. 일기예보의 예상과는 다르게 토요일 아침이 되어서야 비는 멈췄다. 원래 일기예보는 믿는 거 아니라더니, 정말 이렇게나 틀릴 줄이야. 차라리 옆집 할머니의 무릎이 더 정확하겠다. 베란다로 나가 창문을 열어보니 오랜만에 태양이 마중 나와 있었다. 잿빛의 구름은 깨끗한 순백의 하얀색으로 바뀌어 있었다. 우중충했던 하늘은 사라지고 푸른빛으로 물든게 마치 에메랄드 빛의 바다를 보는 것 같았다. 거리를 내다보니 우산을 들고 다니는 사람 한 명 없었다. 대신 양산을 들고 다니는 사람은 있었다. 더위는 그대로였으나 비 오는 날 특유의 끈적거림이 사라져 나름 상쾌했다. 평일에는 종일 비 오더니 주말이 되니 뚝 그친게 하늘도 평일이 싫은가 보다. 그래도 주말이라도 날이 맑아 다행이었다. 만약 주말까지 어둑했다면 그야말로 우울한 일주일을 보냈겠지.

    집에만 있으려던 계획은 우산은 어디다 팔아먹고 왔냐는 엄마의 추궁에 산산조각 나버렸다.

"그래서 우산을 두고 왔다고?"
"그럼 그냥 두고 봐? 홀딱 젖은 게 안쓰러워서 그랬어!"

애처롭게 쳐다보던 강아지의 눈빛이 다시 한 번 머릿속에 떠올랐다. 부르르 온 몸을 떨던 것도.

"너도 쥐에 젖은 꼴 되어 들어왔으면서. 그럼 그거 안 찾아올 거야?"
"그 우산 원래부터 마음에 안들었, 왜 때려!"

찰싹 하는 소리와 함께 오른쪽 팔에 엄마의 손이 내리쳤다. 맞은 부분이 얼얼하였다. 혹시나 또 때릴까 싶어 바로 왼쪽 손으로 감쌌다. 반팔을 살짝 걷어보니 맞은 부분이 붉은 색으로 올라와있었다. 고개를 들어 바라본 엄마의 얼굴엔 기가 막힌다는 표정이 그대로 나타나 있었다.

"그거 찾아와!"

그 말과 함께 집 밖으로 내쫓기 듯 나왔다. 뜨거운 태양 빛이 머리 정중앙에 내리쬐었다. 찾아오라는 말에 나오기는 했지만 과연 그 우산이 지금까지 있을까? 아무리 생각해도 답은 없다에 가까웠다. 누가 가져가거나 버렸을 것이 유력했다. 가장 유력한 것은 후자였는데, 왜냐면 오늘 아침이 쓰레기를 수거해가는 날이고 우산을 두고 온 것이 쓰레기 버리는 곳 바로 옆이었기 때문이다. 그런 곳에 우산 하나가 덩그러니 놓아져 있다면 백퍼센트의 확률로 쓰레기라고 생각하여 수거해갔을 것이 뻔하다. 물론 있을 수도 있지만 없을 것 같은 예감이 강하게 들었다.

없다. 우산 옆에 한가득 놓아져 있던 쓰레기들도, 어제 만난 강아지도, 결정적으로 내 빨간색 우산도. 옆의 쓰레기들도 없는 걸로 보아 우산도 쓰레기라 생각해서 가져갔나보다. 땅이 꺼질 듯이 한숨을 내뱉었다. 혹시나 바람에 날아간 건 아닌가 싶어 주변도 둘러봤지만 우산의 모습이라고는 먼지 한 톨 만큼도 찾을 수 없었다. 쨍한 빨간색이었으니 눈에 확 띌 만도 한데 보이지 않는다는 것은 결국 없다는 것이지. 엄마한테 이걸 뭐라 설명한다 싶어 고민하다가도 달리 생각해보니 그렇게 내 잘못인가 싶었다. 그럼 어제 그 강아지를 그냥 지나쳐 왔어야 한다는 것인가? 그 애처로운 눈빛과 부르르 떠는 몸을 보고도? 단언컨대, 결코 감정을 가지고 있는 인간이라면 그냥 지나쳐오지 못했을 것이다. 그렇게 자신을 합리화 하다가도 아까 맞은 팔을 생각하면 이렇게 말해도 과연 괜찮을까 싶었다.

"저기 혹시 이 우산 주인 되세요?"

뒤에서 들리는 말소리에 고개를 돌리니 또래로 보이는 소년이 빨간색 우산을 들고 있었다. 한 손에는 어제 본 그 누런색의 강아지의 목줄을 잡고 있었다. 주인 없는 강아지인가 싶었는데 아니었나보다.

"네, 맞는 것 같아요."

우산을 건네받아 펼쳐보았다. 채도가 높은 빨간색, 그리고 안쪽 이름표에 써놓은 이름이 저의 것이 맞았다. 우산을 찾았다는 안도감에 마음 한 켠이 가벼워졌다.

"감사합니다. 사실 우산을 찾고 있었거든요."
"아뇨, 오히려 제가 더 감사하죠. 덕분에 강아지도 건강하고요."

허리까지 숙여가며 인사하는 것에 놀라 두 손을 절래절래 저었다. 이야기를 들어보니 어제 잠깐 열어둔 문 사이로 강아지가 나가버려 온 동네를 찾아다녔고, 결국 찾고 보니 내 우산 아래에서 비를 피하고 있었다고 했다. 우산을 그냥 두고 오자니 누가 버릴까 싶어 가져갔는데, 마침 오늘 산책을 하다 혹시나 싶어서 들고 나왔다고 말했다. 원래는 강아지의 목에 인식표가 달려있었는데 돌아다니면서 끊어진 건지 사라져버렸단다. 멍멍거리는 소리에 아래를 내려다보니 강아지가 내 다리를 붙잡고 있었다. 활기찬 모습이 낑낑거리며 떨던 어제의 모습과는 정반대였다. 머리를 살짝 쓰다듬으니 나에게 더 안겨 붙었다.

"원래 사람을 많이 안 따르는데, 신기하네요."
"그런가요? 신기해라. 그런데 강아지가 정말 귀엽네요."
"이름은 해피에요. 항상 활짝 웃는데 그게 너무 좋아서요."

나에게도 웃음을 보이는 것이 이름과 정말 잘 어울렸다. 해피라는 이름이 바로 납득이 가는 웃음이었다. 화기애애한 분위기 속에서 약간의 잡담을 나눴다. 서로의 이름을 공유하고 연락처도 교환하였다. 알고 보니 동갑이어서 말도 편하게 놓기로 했다. 그때, 명쾌한 벨소리가 대화를 끊었다. 내 폰에서 들리는 소리였다.

"우산을 만들어 오니? 못 찾았으면 그냥 와."
"아니야, 찾았어. 금방 갈게."

전화를 건 사람은 엄마였다. 한참을 기다려도 오지 않는 것이 걱정이 되었는지 못 찾아도 그냥 오라며 다그쳤다. 좋은 분위기를 이어나가는 중이었는데 이제 헤어져야 한다는 사실이 아쉬웠다.

"빨리 가봐야겠다. 미안."
"미안해할 일이 뭐 있어. 괜찮아. 혹시 괜찮으면 내일 또 볼 수 있을까?"

그에게 긍정의 답을 하니 그가 해피처럼 밝은 웃음을 보였다. 보통은 동물이 주인 닮아간다는데 이쪽은 오히려 주인이 동물을 닮은 것 같았다. 손 흔들며 인사해주는 그에게 저도 같이 손을 흔들었다. 그러나 해피는 나를 놓아줄 기미가 보이지 않았다. 이만 가야한다고 몸짓으로 말했으나 특유의 슬픈 눈빛으로 나의 눈을 바라보았다. 이런 눈빛에 약하다는 건 어찌 안건지, 아마 남들도 이 눈빛을 보았다면 결코 무시할 수 없을 것이다. 그가 설득하니 아쉬운 듯 나의 다리를 놓았다. 정말로 작별 인사를 하고 뒤를 돌아 집 가는 방향 쪽으로 한 발자국씩 걸음을 옮겼다. 얼굴이 뜨거워지는 게 느껴져 손에 들린 빨간색 우산을 활짝 펴서 머리를 가렸다. 비도 안 오는데 우산을 쓴 나를 지나가는 사람들이 이상하다는 듯이 쳐다보았다. 그러나 지금은 그런 거에 신경 쓸 겨를이 없었다. 쨍한 빨간색의 우산이 나의 붉어진 얼굴을 가려주었다. 싫기만 했던 빨간색이 좋아지는 순간이었다.

# 나무의 상처

박 인 애
(효양고등학교 3학년)

아버지는 늘 커다란 사람이었다. 나무와 같은 사람. 언제든 제 자리를 지키는 사람. 묵묵한 사람. 아버지에게는 기대어도 괜찮다고 생각했다.

*아버지, 듣고 있어요?*
*저는 아버지를 항상 커다란 나무라고 여겼어요!*
*언제나 부담없이 기대고,*
*머리를 대고 많이 울기도 하고.*
*때론 그 단단하다 여긴 마음에 상처도 많이 새겼던 것 같아요.*

안다. 오직 조용히 홀로 해내는 말. 아버지는 지금도 묵묵히 짐을 나르실테며 입을 닫으시겠지. 흘러내리는 땀방울은 곧 얼어 뺨을 시리게 하겠지. 걱정 속에서도 쑥스럽다는 이유로 전화 한 통을 고민하는 나는 나무의 딸이다. 하잘 것 없어 보일지도 모르는 어린 소녀. 이런 내가 아버지의 딸이다.

아버지의 단단한 마음에 얼마나 많은 상처를 새겼는지 기억한다. 울리는 전화에 기분이 내

키지 않는단 이유로 거절버튼을 눌렀다. '딸, 밥 먹었어?' 같은 카톡에도 귀찮다는 이유로 며칠을 넘기다 답하기 일수였다. 오랜만에 집을 찾는 날에도 쌀쌀맞게 굴기도, 얼굴이 보고싶다는 말에 '나중에'를 반복하던 날들이 있었다. 시간을 흘러 때는 현재가 되었으나 여전히 나는 못을 바라본다. 상처를 바라본다. 종종 술을 드시고 서운했다며 여전히 눈물을 흘리는 아버지 앞에 고개를 숙일 뿐이다.

'괜찮다'라는 말은 아버지의 입에서 먼저 나와야 했으나, 때때로 나는 묻지도 않고 멋대로 아버지가 '괜찮다'고 생각했다. 내가 어떤 말을 하든 아버지는 굳게 서 있으리라 믿었다. 다시 아무말도 하지 못하고 오늘이다. 서운하다는 말을 토해내셨을 때 나는 어떤 반응이었더라. 아마 앞에서 마른 오징어를 씹어먹으며 침묵했던 것 같다. 무언갈 끌어낼 용기가 나지 않아서. 사과의 말이 어색해서. 시간이 지나면 아버지가 꼭 괜찮다고 먼저 말해줄 것 같아서. 이 얼마나 어리고 어리석은 생각인지 알지만, 어려웠다. 어렵다. 모르겠다. 여러 번의 반복되는 회피를 통해 얼마나 내가 겁쟁이인지 깨닫는다.

반면에 '힘들다', '서럽다' 같은 투정은 자주 부렸던 것 같다. 늘 받아주셨으니까. 언제든 나는 아버지에게 가서 기대곤 했지만, 이를 당연함이라 여기던 때도 있었던 것 같다. 감사가 마음에 진실로 우러나기도 했으나, 단단히 다물린 입매로는 그 무엇도 나오지 않았다. 나무는 언제나 그 자리에 있을테니까.

*아버지는 괜찮을거라 생각했어요.*
*아버지는 커다란 나무니까!*

한 번은, 아버지 일터에 따라 나선 적이 있었다. 글을 쓰고 싶다는 이유였다. 일용직 노동자의 삶에 대해 더 다루고 싶다 이야기하며, 아버지 뒤를 쫓아 하루를 지켜보았다. 막연하게 몸이 조금 고된 일이 아닐까, 하며 나선 길. 이삿짐센터에 일용직으로 다니시지만 경력이 된다며 지휘하는 모습을 봤던 것 같다. 동시에 궂은일은 자신이 하겠다며 맡아가는 모습도 보았다. 짐을 나르고 옮기는 일 자체로도 고되지만, 추운 겨울날. 트럭에서부터 사다리차의 판-짐을 싣는 공간- 위로 짐을 나르는 모습이 내겐 충격적이었다. 빨간 목장갑 하나만을 끼고 패딩도 벗어 던진 채였다. 추위 탓에 뺨은 붉었고 아버지의 입에선 하얀 김이 나왔다. "봐, 아무나 하는거 아니야. 기술이 다 있어"라고 말하며 등에 냉장고를 메는 아버지가 있었다. 눈이 휘둥그래지는 내게 아버지는, "괜찮아. 다 너희들 먹여 살리려고 하는 일이다." 하고 짧은 말을 내놓을 뿐이다. 아침부터 밤까지 하루 종일 일하고서도 받는 취급은 그저 흔한 노동자 하나였다. 쓸쓸했고 외로웠으며 취급은 좋지 못했다. 세상이 이렇게 차가웠던가. 짐칸에서 시작해 짐칸으로, 다시 운전석에서 회사로. 아버지의 손에 들린 건 현금 13만원이 끝이었다. 과정에서 "수고했다", "감사하다"하는 말 한 마디조차 오가지 않았다. 아버지는 자주 물리치료를 받으셨고, 쉬어야한다는 말을 들으셨지만 일을 놓지 않으셨다. 병원비를 채워야하고, 가정을 감당하고 우리의 양육비를 감당하셔야 했다. 하루동안 아버지를 따라다니며 그동안의 나를 더욱 돌아봤던 것 같다. 어찌나 죄송하던지.

 나중에 어머니에게 듣고서야 안 사실인데, 아버지는 사실 일에 많이 힘들어하셨다고 한다. 마음이라도 편하면 좋을 텐데, 사춘기의 내가 자꾸만 아버지를 밀어냈다고……. 어느 순간부터는 술을 마시는 아버지가 싫어 피하기도 했고, 잠든 척. 늦게 돌아온 아버지를 맞이하지 않은 날도 있었다. 그런 모든 순간들을 기억하고 새겨 보니 나무의 상처가 보였다. 일을 하며 받은 상처와, 내가 흘린 상처 위로 아버지는 얼마나 많은 눈물을 흘리셨을까.

*왜 어린날의 나는,*
*나무의 상처로 흐른 눈물이*
*속을 썩힌다는 사실을 몰랐을까요.*
*아버지,*
*아버지.*

 닿지 못하는 말. 전화 한 통이면 될 텐데. 나는 왜 이토록 미루고 또 미루는 걸까. 나무는 언제나 같은 자리에 있었다. 다만, 그 자리에 서있을 뿐 상처가 없다는 뜻은 아니었다. 썩지 않았다는 뜻이 아니었다. 항상 열매만을 내게 주셨던 아버지. 나는 기대어 열린 열매만을 따먹느라, 기대고 있는 등에 얼마나 많은 상처가 있는지 보지 못했던 것이다. 미루고 미룰수록 그 상처는 더 곪아갈텐데. 오늘은, 반드시 오늘은 아버지에게 꼭 감사를 전하리라 다짐해본다.

*아버지가 나를 단단히 받쳐주어서, 내가 여기에 있어요.*
*매번 도망쳐서 죄송해요. 사랑합니다, 아버지. 나의 가장 소중한 나무 한 그루.*

# 연결고리

박 윤 희
(봉담고등학교 3학년)

나에겐 책이란 존재는 어릴 때부터 지금까지 또 다른 나라는 존재이다. 책이라는 것은 나에게 무언가 여러 가지를 준다. 바로 책은 나에게 영감이나 지식 또는 깨달음을 주기도 한다. 어릴 때 나는 책이라는 것이 너무나도 좋아서 항상 어디서든 책을 보고 있었다. 그래서인지 초등학교 4학년 때부터 중학교 3학년 때까지 책과 관련된 도서부에 가입을 하게 되었다. 그리고 어릴 적에는 책벌레라는 별명이 생기기도 하였다. 예전을 추억하니 지금은 웃음이 나온다. 그때 나는 어느 순간부터 글을 쓰기 시작하게 되었고 글 공모전에 나가기도 하였다. 글 공모전에 나가 잘 쓸 때는 상을 타기도 하였다. 하지만 나에게는 글이라는 것은 무척이나 어마무시하게 어려웠다. 내가 생각하는 것을 글로 표현을 하는 것이 어려웠다. 그래서 글을 쓰는 것을 그만둔 경우가 있었다. 사람들은 이런 상황을 슬럼프라고 표현을 한다. 이때 나는 글을 잘 써서 상이라는 것을 타게 되니까 사람들이 주는 부담감을 조금씩 천천히 느꼈다. 그래서 그런지 나는 내가 제일 잘 쓰는 것이라는 착각을 하게 되었다. 그러면서 자만심이라는 것에 천천히 나 자신이 먹혀 들어가기 시작했다. 이 자만심이라는 것 때문인지 글도 점점 대충 쓰게 되었다. 어느새 나는 저 멀리에 뚝 떨어져 있고 다른 애들은 저 앞에서 먼저 앞서 가고 있었다. 그러면서 다른 애들은 점점 상을 타고 있었다. 덮친데 격으로 계속 공모전에 떨어졌다. 점점 나는 두려움이라는 족쇄를 가지게 되었다. 나는 그때부터 주위 사람들에게 이렇게 말했다. "나 이제부터 글을 안 쓰고 지금은 쉴 거야"라고 말을 하고 다니기 시작했다. 아니면 "지금 슬럼프야"라고 변명을 하면서 글이라는 것에 도망을 다녔다. 그만큼 그때의 나에게는 무섭고 두려웠던 것 같다. 비유하자면 주위는 깜깜하고 그 깜깜한 곳에 혼자 늪에 빠지고 있는 느낌이 들었다. 지금은 괜찮아져서 이렇게 또 글을 쓰고 있다. 글을 쓰고 있지만 주위사람들에게는 지금은 이야기 하지 않고 있다. 또다시 예전처럼 돌아가는 것은 아닐까? 라는 두려움이 있기 때문이다. 하지만 지금은 글이라는 것을 다시 좋아하고 있다. 과거를 생각해보니 내가 글을 쓰게 된 시작점에는 앞에서 말한 것처럼 책이라는 존재가 있었기에 지금의 "나"가 있는 것 같다. 나는 책을 읽으면서 그 책 안에 있는 사람들과 이야기를 하거나 그 인물의 지식을 공유 있다는 느낌이 든다. 이런 것처럼 책은 인물의 인생이나 과거와 현재를 연결해주는 것 같다. 지금의 나는 글을 쓰고 있다. 쓰고 있으면서 예전에는 못 느낀 것을 이상하게도 지금 글을 쓰면서 웃음이 나오고 뭔가 마음에 간질 간질거리는 느낌이 든다. 나에게는 어느 순간부터 책을 읽었다. 그때 처음으로 내가 소설 속 주인공이 돼서 책 안으로 빨려 들어가는 느낌을 느낀 적이 있다. 오래 돼서 그런지 그 책의 이름은 기억은 안 난다. 남들에게는 그렇게 큰 감명을 주는 책은 아니었지만 나에게는 여러 가지로 의미가 있는 책이다. 그 책은 왕따라는 소재를 중점으로 로맨스가 플러스 되어있으면서 미스터리도 함유 되어 있는 책이었다. 이 책은 뭔가 내용이 심오하면서 어려울 땐 어려운 내용이 들어간 책이다. 그런지 그때의 나는 책의 내용들을 전부다 이해하지는 못했다. 결말이 정말 충격적인 것 같았는데 잘 기억은 안 나지만 다시 읽고 싶은 인생 책 중 하나이다. 글을 쓰는 것은 내가 하나의 신이 되어서 창조를 해서 한 세계를 만드는 것이다. 만든 세계에다가 이야기를 만들어 내서 하나의 세계를 완성해 나가는 것이 정말로 멋지고 아름다운 일인 것 같다. 나는 글로 쓰고 싶은 내용은 엄청 많다. 그 내용을 글로 표현해 나가는 것이 어렵다. 아마도 감을 잘 못 잡고 있는 것 같다. 또 내가 경험한 것이 별로 없기도 하다. 나이가 어려서 그런지 글을 쓰면서 부족한 부분이 많이 있다는 느낌이 느껴진다. 다른 사람들이 글을 쓰기 위해서 많이 조사하거나 경험을 하거나 아니면 인터뷰도 한다고 말한 것을 글에서 본적이 있다. 나는 남의 글을 보면서 많은 생각이 든다. "이 사람은 어떻게 이런 글을 쓸까?", 아니면 "어떻게 이야기를 시작할까?", "전개는 또 어떻게 하지?, "이름은 어떻게 짖지?" 등등 여러 가지 생각들이 든다. 그런지 머리가 꽉 차면서 실타래가 뭉텅이로 꼬인 것처럼 머릿속이 복잡해진다. 글을 쓰는 것이 어렵다고 다시 한 번 더 와 닿게 된다. 나는 글을 써서 남에게 여러 가지를 느끼게 해주는 글을 쓰는 작가가 되고 싶다. 한 분야 만 쓰는 것 보다 나는 좀 더 다양한 분야를 쓰고 싶다. 쓴다면 로맨스, 문학, 에세이, 판타지 등등 다양하게 쓰고 싶다. 내가 쓴 글이 나중에 드라마나 영화로 하나의 숨 쉬는 입체적인 하나의 인생인 것처럼 나오는 것을 보고 싶기도 한다. 이런 생각을 하고 있으니 뭔가 숨이 멈춘 것처럼 마음이 갑갑하면서 답답하다. 예전과 다르게 글을 쓰고 있는 것을 보니 예전보다 다르게 좀 더 매끄럽게 나는 글을 쓰고 있다. 나에게 글은 죽을 때까지 손에 못 놓고 계속 쓰고 있을 것 같다. 글은 나에게 힘들 일이 생겨서 힘들게 만들 때도 있다. 하지만 나에게는 책이란 것과 글이 너무나도 좋다. 책과 글은 지금의 나와 과거의 나, 미래의 나와 연결시켜주는 연결고리이다.

# 끈

김소원
(전주중앙여자고등학교 3학년)

　밤이 내려앉은 하늘에서 가랑비가 내린다. 와이퍼를 작동시키지 않은 채 무수한 점 같은 가랑비에 둘러싸인 자동차는 투박하게 포장되어 있는 도로를 덜컹거리며 달린다. 하얀 바디에 때가 탄 작은 승용차 안에서 한 남자가 휘파람을 불며 운전을 한다. 한 손은 핸들 위에 올려놓고 다른 손은 배꼽 언저리를 문지른다. 최근에 대장의 커다란 혹을 두 개나 떼어냈기에 후유증이 남는 듯 싶었다. 염증이 난 부분이 많이 헐고 약해져 먹는 것도, 움직이는 것도 조심해야 한다고 했다. 잘못하면 그 약해진 창자가 손 쓸 새도 없이 끊어져버릴 수도 있다고 그랬지만 시간도 꽤 지났으니 괜찮겠지 라는 마음이었다. 지금은 수술 부위에 하얀 반창고만 붙어져 있었다. 아릿한 고통에 미간이 일그러지는 동시에 휘파람을 부는 남자의 표정은 오묘했다. 뒷좌석엔 화려한 분홍색 집 옆에서 빙긋 웃고 있는 미미인형이 든 박스가 놓여 있었다. 도시의 인위적인 불빛들이 없는 해가 져버린 시골은 한치 앞이 어두웠기 때문에 옅은 비상등에만 의지하며 앞으로 나아갔다. 끊길 듯 끊기지 않는 가랑비는 추적추적 내리고, 휘파람으로 알 수 없는 노래를 허밍을 하는 남자는 어딘가 설레 보였다. 그의 얼굴에는 드문드문 면도가 덜 된 뾰족한 수염이 자리 잡고 있었고 투병생활 때문인 듯 눈 밑의 다크서클이 퀭해 보였다. 게다가 진회색의 양복도 다림질을 하지 않은 듯 보기 좋게 구겨져있었다. 갑자기 남자가 탄 자동차가 털털거리는 소리를 냈지만 남자는 허밍을 멈추지 않았다. 길게 이어지는 허밍은 구불구불한 시골길 같기도, 빗소리에 섞인 구슬픈 귀신의 곡소리 같기도 했다. 하지만 바퀴에서부터 올라오는 찌르르한 느낌은 그다지 좋지 않았다. 남자는 대장을 타고 척추를 따라 올라오는 그 느낌에 자신도 모르게 허밍을 멈췄다. 그때 눈앞에 익숙한 마을이 보이기 시작했다.

남자는 오늘 자신이 태어나고 어린 시절을 보낸 고향에 내려왔다. 동창모임이 있는 날이기도 했지만 하루를 거르지 않고 매일 놀던 친구들과의 오랜만의 만남도 있었기 때문이다. 자신보다 언제나 키가 컸고 자신을 괴롭히는 아이들에게 혼쭐을 내줘 형 같았던 석찬과 의외로 가장 결혼을 빨리 해 3개월 전에 딸을 낳은 순둥이 지훈이가 너무 보고 싶었다. 각자 서울로 상경한 후의 첫 만남이었기 때문에 남자는 기대감을 감출 수 없었다. 지훈과 석찬이와는 즐거운 추억들밖에 없었기 때문에 오늘도 분명 좋은 추억을 만들 거라고 믿고 있었다. 어쩌면 그렇게 믿고 싶었을 지도 몰랐다. 인간은 자신이 불행의 늪 안에 들어가게 된 것을 인지하게 되면 필사적으로 발버둥 치며 남은 행복을 찾아 나서기 때문이다.

남자는 불과 이틀 전 자신의 젊음과 청춘을 모두 바친 회사에서 나오게 되었다. 아니, 쫓겨났다고 해야 더 맞는 말이었다. 대기업은 아니지만 꽤 영향 있는 중소기업의 회사였다. 하지만 어느 회사나 기업들은 모두 숨겨진 비리가 있는 법이었다. 그게 어쩌다 재수 없게 언론에 모두 밝혀져 싸그리 다 망하게 된 것이다. 그래도 직급이 있던 남자는 나는 괜찮겠지 라는 생각을 했지만 아이러니하게도 회사의 모든 사람이 그렇게 생각했다는 것이다. 몇 십년을 밥 먹듯이 습관처럼 오가던 회사와의 연이 두 동강 나버렸다. 회사는 남자의 인생 밖으로 끌려

가듯 멀어졌고 한순간에 거리에 나앉게 된 남자는 아내와 이제 막 초등학교에 들어간 딸이 생각났다. 딸에게도 이제 돈 들어갈 데가 많은데, 담배를 문 남자의 입에서 회색빛 연기와 함께 한숨이 흩어진다. 길이가 서서히 짧아지는 담배를 입에 꼬나문 채 아내에게 문자메시지를 보낸다.

　회사에서 짐을 챙겨 돌아온 집은 적막 상태의 시계 초침소리만 들렸다. 아무것도 보이지 않는 어둠 속에서 아내의 이름을 길게 내뱉었지만 창을 두드리는 세찬 빗소리에 얼마 가지 못하고 뚝 끊겨 남자에게 되돌아왔다. 창백해진 남자는 거실에 있는 수화기를 들어 아내 번호를 다급히 눌렀지만 이내 멈칫하고 수화기를 내려놓는다. 눈앞에 아른거리는 아내와 딸의 환한 웃음이 실직 당한 자신의 처지에 겹쳐져 보였기 때문이다. 회사에서 해고당했다는 자신의 문자에 담담하게 반응했던 아내였다. 그래서 조금 안심했었나 보다. 남자는 속울음을 입 밖으로 토해내지도 못한 채 고통에 일그러진 얼굴로 바닥까지 이어진 전화선을 칼로 끊어버렸다. 불빛이 반짝거리는 전화가 연결되어 있으면 그 기다란 선 끝에 있을지도 모를 가족을 향해 끊임없이 달려갈 것만 같았기 때문이다. 그는 아내를 부를 용기가 없었다. 심지어 자신의 월급통장과 생활비통장을 모두 들고 나간 아내에게 조금은 다행스러운 마음도 들었다. 좋은 추억과 사랑하는 마음이 가득한 그들을 위해서라면 남자는 자신의 몸뚱아리도 다 내어줄 수 있는 헌신적인 사람이었기 때문이다.

　일단 갑자기 생긴 빚부터 해결해야 했다. 아내 몰래 돈을 끌어다가 주식에 투자했던 돈이 모두 공중분해 되었기 때문에 그 자리를 메꿔야 했다. 수입도 끊긴 마당에 돈이 물 새듯 빠져나가면 자신은 살 방도가 없었다. 생계유지도 하지 못하면 자신은 나락으로 떨어질 것이 분명했다. 남자는 핸드폰 전화번호부를 뒤지기 시작했다. 이백, 딱 이백만 있으면 숨통이 트일 수 있었다. 빚이라기엔 적을 수도 있는 금액이었지만 하루가 지날수록 불어나는 이자가 문제였다. 배보다 배꼽이 더 컸기에 빠른 시일 내에 갚아야 했던 것이다. 연락을 한 친구는 모두 다섯. 자신이 알기로는 모두 여유 있게 사는 친구들이었는데 돈을 빌려주겠다는 친구는 한명도 없었다. 그래도 괜찮았다. 괜찮다고 되뇌이면서 마음먹으면 그나마 숨은 쉬어졌다.

하지만 그 후 정신적, 육체적으로 망가져 갔고 굶는 게 일상이 되었다. 대장의 커다란 염증도 그때쯤 생긴 것이다. 염증은 극도의 스트레스를 먹고 자랐다. 그래도 남자는 꿰맨 수술부위가 터질 것처럼 어딘가 있을 행복을 위해 아슬아슬 붙잡고 있었다. 남자는 힘듦과 불안함보다 외로움이 더 커져갔다. 그래서 더 무력했고, 좌절을 할 기운도 남아있지 않았다. 배의 통증은 매일매일 찾아왔다. 반갑지 않은 손님이었다.

다음 날, 선잠에 들다 깨고를 반복한 뒤에야 아침이 찾아왔다. 텅 빈 집에서 혼자 밤을 지새운 남자는 여러 가지 추위가 한꺼번에 찾아오는 걸 느꼈다. 서늘한 느낌에 얇은 이불을 목 주변께로 더 가까이 끌어당겼다. 핸드폰에서 규칙적으로 불빛이 번쩍거렸다. 남자에게 온 메시지는 매년 오던 고등학교 동창회 모임 알림이었다. 서울로 온 뒤 관심을 가질 여유도, 시간도 없었던 남자는 메시지를 한참동안 바라봤다. 거들떠보지도 않았던 모임에 마음이 가는 건 아마 온기가 있던 집이 한순간에 싸늘해져서 였을 것이다. 그리고 석찬과 지훈이가 생각났고, 처음으로 동창회에 가기로 마음을 먹은 것이었다.

작은 불빛들이 옹기종기 모여 있는 고향 마을에 도착한 그는 자신의 집에 먼저 들렀다. 할머니가 되어버린 남자의 어머니가 텔레비전을 보며 뜨개질을 하고 있다. 남자의 어머니는 아들을 부둥켜안으며 반겼고 바로 친구들을 만나러 나간다는 그의 목에 뜨개질로 뜬 갈색 목도리를 둘러주었다. 서툰 솜씨에 군데군데 구멍이 숭숭 뚫려있었지만 남자는 그저 따뜻하기만 했다. 남자는 어머니에게 대장을 수술한 일과 이혼한 사실을 말하지 않았다. 애미랑 지은이는? 찬바람이 비집고 들어오는 열린 문을 바라보며 남자의 어머니가 말을 건넨다. 그는 입술에 침을 살짝 바르며 표정을 다잡는다. 지은이가 아파서 서울에 있다, 안 그래도 내일 바로 올라가야 돼. 평소와 같은 딱딱한 말투로 미리 생각해둔 말을 한다. 남자는 아쉬워하는 기색이 넘치는 어머니에게 다녀온다 하며 급히 집을 나온다. 한 고비를 넘겼다는 듯, 하얀 입김을 후우- 땅이 꺼질세라 내쉰다. 어둠 속을 배회하던 뿌연 입김은 한참동안 사라지지 않다가 가랑비 사이로 소리 없이 녹아내렸다. 터벅터벅 두 개의 발에 체중을 싣고 어둠 속에 있는 차를 향해 다시 간다. 모임 장소는 언덕 위에 있었기에 다시 차를 타고 올라가야 했다. 언덕 위에는 낡은 상가가 있었고 그 중 하나의 술집이 모임 장소였다. 그 상가는 어렸을 때 그들의 아지트였기 때문에 더 의미 있었다. 언덕이 있는 곳 뒤에 병풍처럼 자리한 커다란 뒷산에서 희미하게 동물 울음소리가 났다. 출발하기 전부터 어두운 언덕은 을씨년스러운 공기를 내뿜어서 닭살이 돋아났지만 남자는 개의치 않고 기다리고 있을 친구들을 향해 차를 출발했다. 뒷좌석에 있던 미미인형박스가 조수석으로 옮겨졌다. 살짝 구겨지고 모서리가 헤져 왠지 모르게 헌 느낌이 들었다.

생각보다 가파른 언덕이 자꾸만 바퀴를 헛돌게 했다. 비포장도로에 계속해서 내리는 빗방울 때문인 것 같았다. 척척한 바닥은 안 그래도 경사진 언덕을 더욱 험난하게 만들었고 진흙을 튀기며 헛돌던 바퀴는 결국 빠지고 말았다. 남자의 퀭한 얼굴에 근심만 더 가득 쌓여갔다.

지나는 사람도 없어 남자는 혼자서 차를 빼낼 수밖에 없었다. 꿈쩍도 않는 고철 덩어리를 숨도 참아가며 밀었다. 누군가 앞에서 이 커다란 고철을 묶어 끌어줬으면 하는 바람이 있었지만 주위에는 기다란 풀들만이 하늘하늘 흩날릴 뿐이었다. 남자는 모든 게 자신을 놓아버린 듯한 느낌이 계속해서 들었다. 다리에 힘이 풀리며 당장이라도 주저앉아 버릴 것 같았지만 마음먹고 오랜만에 보러 온 친구들까지 놓칠 수는 없었다. 그나마 시원한 가랑비가 점점 늘어나는 땀방울을 씻겨 내려주었다.

익숙한 동창들 사이, 구석에 앉아있는 지훈과 석찬이 손을 들어 그를 부른다. 온통 비에 젖은 남자는 힘겹게 웃음을 지으며 그들에게 다가갔다. 왜 이렇게 젖었냐는 친구들의 말을 웃으며 넘긴다. 이미 술과 안주가 널브러져 있었다. 자리에 앉아 숨을 고르며 땀을 닦아냈다. 친구들의 머리 위에 있는 작은 창문에서 빗소리가 토도독 거리며 분위기를 만들어 주었다. 잘 지냈나 - 태현아. 순한 강아지를 닮은 지훈이 눈을 반달처럼 접어가며 환하게 웃는다. 남자는 가슴이 조금 진정되며 그간의 외로움과 슬픔이 치유되는 느낌을 받았다. 나이에 비해 어려보이는 동안의 얼굴인 지훈은 여전했다. 더 어른스러워진 석찬은 술잔을 건네주는 걸로 인사를 대신했다. 차를 타고 오는 내내 기대했던 감정이 조금씩 꽃처럼 피워 올라오는 것 같았다. 그들은 모두 사투리와 서울말을 섞어 써 우스꽝스러웠다. 오랫동안 서울에서 사회생활을 했지만 고향에 오니 사투리가 저절로 튀어나오는 건 어쩔 수 없었던 것이다. 그들은 역시 자신에게 커다란 동아줄이라는 생각을 했다. 그 순간의 행복이 소중해 더 강한 끈으로 묶어 놓고 싶은 마음이었다. 낡은 술집의 천장 모서리에는 희고 선명한 거미줄이 여러 군데 있었고 커다랗게 생긴 화려한 거미가 얇은 줄 위에서 떨어질 듯 말듯 했다. 그들은 대화를 멈추지 않았고 빈 술병은 빠르게 늘어났다. 남자가 지훈에게 미미인형박스를 건네며 딸에게 가져다

주라고 말한다. 고마워, 딸내미가 좋아하겠다. 그리고 지훈의 딸 자랑이 시작되었다. 멀리서 아빠- 하며 아장아장 뛰어오면 어찌나 이쁘던지 깨물어주고 싶다는 지훈의 실감나는 표정연기 설명에 그는 웃음을 지으면서도 자신의 딸 지은이가 생각이 났다. 그러면서도 눈길이 가는 건 딸 사진을 보여주는 지훈의 핸드폰이었다. 요즘 광고하는 최신형이었다. 사진 속의 딸도 온통 메이커를 입고 있었다. 학창시절 내내 성적이 좋았던 지훈은 대기업 취직에 성공해 벌써 팀장이었다. 경제적으로든 사랑으로든 딸이 원하는 건 바로바로 해주는 전형적인 딸바보 지훈이었다. 남자는 씁쓸한 기분을 감출 수 없었다. 그리고 석찬은 금메달리스트 태권도 선수로 이미 우리나라에서 알아주는 국가대표였다. 석찬은 이름만 대면 아는 유명한 운동선수들의 찌라시들을 얘기했다. 누가 누구와 사귄다는 둥, 사실은 얘가 낙하산이라는 둥. 흥미로운 얘기였지만 남자는 알맞은 타이밍에 웃을 뿐, 얘기에 낄 수 없었다. 어렸을 때 파워레인저 놀이를 하던 작은 추억들이 생각나면서 거리감이 느껴졌다. 그리고 그때 가랑비에서 굵어진 빗방울이 열린 창을 통해 들이 닥쳤다. 갑자기 비를 맞은 친구들이 황급히 창문을 닫았다. 남자는 조금 아쉬운 느낌이 들었다. 아쉽다고 생각한 자신에게 놀라며 술기운에 느낀 새벽 감성이라고 생각했다.

    남자는 술잔에 술을 따르며 그들 이야기에 귀를 기울였다. 낭떠러지에 떨어져있는 자신과는 달리 석찬과 지훈은 산 정상에서 비슷한 사람들과 어울리는 삶을 살고 있었다. 고향이라는 공통점이 없었다면 죽을 때까지 만날 일이 없는 위치에 있는 사람들이었다. 서서히 굵어지는 모양새를 보이던 빗발은 점점 많아지고 있었다. 어느덧 피어오르던 설렘은 가라앉기 시작했고 그가 있는 어두운 바닥까지 내려오기 시작했다. 남자가 할 수 있는 일은 조금이라도 바닥에 천천히 닿길 바랄 뿐이었다. 호탕하게 웃으며 자신의 연봉을 얘기하는 석찬은 남자의 자존감을 더욱 빠른 속도로 짓누르는 거대한 추였다. 어렸을 때도 덩치가 컸던 석찬은 항상 남자를 내려다봤다. 지금은 남자도 석찬만큼 키가 컸지만 여전히 석찬의 아래였고 올려다보았다. 트레이닝복이지만 비싼 메이커가 달려있는 옷을 입은 지훈의 옆에 놓인 찌그러진 미미 인형 박스가 초라해보였다. 지훈도 그에게 받은 이후 한 번도 눈길을 주지 않았다. 그리고 그때 서로 얘기 중이던 석찬과 지훈이 남자를 동시에 바라보며 질문을 던졌다. 태현아, 니는 어디서 뭐하나? 제수씨랑 지은이는 잘 있고? 손에 들고 있던 술잔이 출렁거려 술이 넘쳐 흘러버린 그때, 꼭 붙잡고 있던 동아줄이 투두둑, 끊어지는 소리가 들렸다. 다시 배가 아파오기 시작했다.

    빈 소주병이 탁자 아래로 굴러 떨어진다. 양 볼이 빨갛게 변한 그들은 밤하늘의 달이 많은 거리를 이동하는 동안 끊임없는 대화를 만들어냈다. 어릴 적 얘기만 해도 세 시간을 넘겼다. 세 시간 전, 남자가 질문을 받은 동시에 소주잔이 탁자 위에 엎어졌고 자연스레 대화가 끊겼다. 변덕이 심한 빗방울은 다시 잦아들고 있었다. 알코올이 잔뜩 들어간 그들은 엎어진 술의 뒤처리를 하고 나니 남자에게 질문을 한 기억은 저편으로 사라졌고 그 틈을 타 남자는 다른 얘기로 화제를 돌렸다. 사회적으로 높은 지위에 있는 친구들에게 남자는 자신의 처지를 얘기할 용기가 없었다. 그렇게 남자의 마음속에선 길고 긴 실타래가 서서히 엉키고 있었다. 웃으며 마주잡았던 친구들의 손이 부를 수 없었던 아내의 이름 같았다. 꼬여버린 실이 입가에 맴돌고 손 언저리를 배회했지만, 소주잔을 든 거친 손은 어둠이 아닌 빛 가운데 있는 그들에게 닿을 자신이 없었다. 술에 취해 정신을 잃어가는 남자는 점점 작아졌고 끊어져버린 전화선처럼 겉돌기 시작했다. 게다가 술을 많이 마시면 안 되는 몸 상태인 걸 잊어버린 남자는 점점 장이 꼬여가는 느낌을 대수롭지 않게 생각했다.

야, 내 이주연이랑 만난다? 이주연 알제? 술에 취해 어른스러움을 벗어버린 석찬이 낄낄거리며 어울리지 않는 부끄럼을 살짝 탄다. 이주연은 웬만한 연예인만큼 인기를 가진 톱모델이었다. 쭉쭉 뻗은 팔과 다리는 누가 봐도 모델이라는 인식을 주는 멋있는 사람이었다. 지훈은 철없이 사진을 보여 달라며 보챘다. 야 이주연이 니를 왜 만나나? 솔직히 말해라 니가 이주연 급이가. 남자는 석찬을 툭툭 치며 장난스럽게 말한다. 기분이 상한 듯한 석찬은 표정이 살짝 굳어지지만 이내 웃으며 넘긴다. 남자는 자신도 친구의 연애를 진심으로 축하해 주지 않고 있다는 걸 인지하고 있었다. 하지만 머리와는 달리 입 밖으로 내뱉어지는 말은 송곳과도 같았고 석찬을 찔렀다. 석찬은 남자에게서 눈을 돌리고 지훈에게 사진을 보여준다. 지훈은 눈동자가 동그래지며 놀란다. 티비랑 똑같다는 지훈의 말에 석찬이 뿌듯하게 웃는다. 사랑에 빠진 얼굴이었다. 남자는 석찬을 뚫어져라 쳐다보다 지훈의 손에 들린 핸드폰을 낚아챈다. 술기운에 이리저리 일렁이는 눈동자를 바로 한 채 사진을 들여다본다. 에이. 티비가 훨씬 낫구만, 이거 뽀샵인가 뭔가 그른거 안한거제? 석찬의 얼굴에 웃음기가 서서히 사라진다. 지훈은 석찬과 남자를 번갈아 쳐다보다 남자의 손에 들린 핸드폰을 뺏는다. 술 마시자 술! 아이고 - 이걸 언제 다 마신다냐, 하하. 지훈이 석찬의 눈치를 보며 어색하게 웃음을 짓고, 분위기를 풀어보려 한다. 에어컨의 차가운 바람이 그들의 뜨거운 열기를 식힌다. 가느다란 인공적인 바람은 칼날같이 날카롭다. 열기가 식을 때까지 그들은 손가락으로 탁자를 두드렸다. 토독, 토독. 빗방울 같은 소리가 들렸다. 정적은 한동안 이어졌다. 서로에게 연결 되어있는 끈이 팽팽해졌다.

그 후에도 밀린 이야기는 계속되었다. 석찬의 눈빛과 분위기는 전과 달랐지만 그래도 할 이야기는 넘쳐났다. 술을 마시던 남자는 힐끔 미미인형박스를 본다. 어느새 소파에서 바닥으로 밀려 떨어져 나뒹굴고 있었다. 계속 인형에게 눈길을 주던 남자를 눈치 챈 지훈이 인형박스를 한번 열어보자며 손을 뻗어 집는다. 손 끝에 겨우 닿을 정도로 멀리 떨어졌기 때문에 지훈의 입술사이로 끄응 하는 소리가 삐져나왔다. 근데 왜 하필 미미인형이냐고 묻는 지훈의 말에 남자는 고개를 숙이며 한숨을 푹 쉰다. 술도 더 들어갔겠다. 아내랑 이혼하게 됐다고 대충 둘러댔다. 지은이도 아내가 데려갔고. 석찬과 지훈은 말이 없었다. 사실 저 인형은 남자가 지은이를 주려고 산 것이었다. 그렇게 됐다, 그냥 가져가서 느그 딸 줘라. 남자는 지훈에게 선심 쓰듯이 말하고 술을 마신다. 지훈은 아무 말 없이 구겨진 모서리 부분이 비에 젖어 구멍 난 걸 발견했고 그곳을 매만졌다. 딸이 생긴 것에 대해 축하한다는 말 한마디 없던 남자가 자기 딸 주려고 산 장난감을 버리듯이 준 것에 기분이 상했지만 티내지 않았다. 그렇지 않아도 지훈은 싸하게 변한 분위기를 풀어가고 있었기 때문이다. 하지만 팽팽한 긴장감 속 두껍지만 위태로운 기다란 끈들이 계속 엉키고 있는 느낌이었다. 그런데도 눈치 없는 남자는 술에 점점 취해가 달라진 분위기를 알아채지 못했다. 이곳의 어둠은 집의 어둠과는 다르다고 생각했다. 뱃속이 술로 가득 찰 때쯤 그들은 술자리를 정리하고 슬슬 산을 내려오기 시작했다. 새벽 2시였다.

    셋은 비틀거리며 술집을 나와 차를 두고 마을을 향해 걸어갔다. 그때 지훈이 오래 된 폐가 얘기를 한다. 담력훈련도 해볼 겸 한번 갔다 올까? 무심히 내뱉은 말에 이미 술에 잔뜩 취한 그들은 단숨에 동의하며 백 미터 정도 떨어진 곳에 있는 폐가를 향해 걸어갔다. 작은 초가집과 좁은 가축우리, 더러운 빈 우물이 있었다. 문에 굳게 걸린 걸쇠를 흔들어봤지만 집의 문은 열리지 않았고 먼지만 풀풀 풍겼다. 지훈은 기침을 하며 뒷걸음질을 쳤다. 뭐 별거 없네. 돌의 한 칸이 땅 위로 올라온 우물을 발로 툭툭 치며 석찬이 말한다. 우물의 덮개는 없었고 두

꺼운 밧줄이 감긴 두레박은 우물 아래 있는 것 같았다. 이야.. 줄 이거 겁나 단단하네, 뭘로 꼬았나? 상체를 기울이며 두레박의 줄을 만지던 석찬에게 지훈과 남자가 다가간다. 요 안에 시체 있고 그런 거 아냐? 남자가 낄낄 웃음을 짓고 우물 아래를 내려다보면서 말한다. 그때 우물 위에서 팔을 수평으로 뻗으며 빙글빙글 외줄타기를 하듯 걷던 지훈이 우물 쪽으로 휘청인다. 놀란 석찬과 남자가 술이 확 깨며 지훈을 붙잡지만 이미 힘이 다 풀린 그들이 할 수 있는 건 다 같이 우물 안에 빠지는 것이었다. 2초정도 떨어졌다. 석찬과 지훈은 엉덩이뼈와 척추가 부서질 듯 아팠고 남자는 돌에 이마를 부딪쳐 피까지 살짝 났다. 물론 급격히 심해진 배의 통증은 신음소리조차 나오지 않을 정도였다. 문제가 생긴 게 분명했다. 성한 데 하나 없는 셋이었지만 정신은 잃지 않았다. 오히려 머리가 핑 돌도록 술이 깨버렸다. 그들은 고개를 올려 위를 봤다. 밤하늘의 별만 보일 뿐, 너무 조용한 새벽이었다. 우물의 높이는 절대 혼자서 나갈 수 없었다. 그들은 다른 의미로 다시 말이 없어졌다. 계속 다가오던 바람이 더 이상 스치지 않았다.

   어떡하지? 어떻게 나가노, 큰일났구만 이거. 지훈은 발을 동동 구르며 우물 위를 바라봤고 석찬은 당혹스러운 표정을 지었다. 남자는 한 손으로 배를 붙잡으며 눈높이에 내려와 있는 두레박을 본다. 두레박에 달린 줄은 성인 남자의 팔뚝 두께만 했다. 한 명 정도는 탈 수 있을 거 같았다. 남자는 힘이 센 석찬에게 줄을 타고 먼저 올라가는 게 어떠냐고 물어본다. 석찬만이 올라갈 수 있었기 때문이다. 석찬은 두레박을 이리저리 쳐보다가 남자를 잠시 바라본다. 그 다음에 우리가 한명 씩 여기에 타고 석찬이가 끌어 올려주면 될기다 어때 괜찮나? 지훈은 고개를 연신 끄덕인다. 석찬아, 니 괜찮겠나? 지훈은 걱정스럽게 석찬을 바라보고 석찬은 고개를 작게 끄덕이며 올라갈 준비를 한다. 지훈과 남자는 석찬이 두레박 위까지 올라가는데 밑에서 힘을 보태준다. 배에 힘이 잔뜩 들어가 고통은 더 심각해졌다. 남자의 옷 위로 터진 수술부위의 피가 스며들고 있었지만, 남자는 이를 악 물고 석찬을 올리는 데 집중했다. 지훈과 남자는 석찬의 허벅지와 종아리를 있는 힘껏 위로 밀었다. 석찬은 두레박 위에 올라가게 되고 밧줄을 톡톡 두드리더니 숨을 크게 쉬고 줄을 타기 시작했다. 운동선수의 팔 힘은 다르긴 달랐다. 조금 위태했지만 우물 위로 무사히 올라갔다. 이제 빨리 하나 타라! 우물을 향해 석찬이 소리치고 메아리가 되어 작은 공간을 떠다닌다. 남자는 석찬이 발밑까지 내려준 두레박을 바라보다가 줄에 손을 가져다 대려 하지만 멈칫한다. 그리고 지훈을 끌어당겨 두레박 가운데에 살짝 걸쳐 앉힌다. 중심 잘 잡아야 된대이. 지훈은 두꺼운 줄을 두 손으로 움켜잡는다. 석찬이 밧줄로 도르래를 움직이는 소리가 들리고 지훈은 천천히 덜컹거리며 위로 올라간다. 지훈은 자신을 올려다보는 남자를 아무 말 없이 내려다본다. 이제 남은 건 남자뿐이었다. 남자는 지훈이 잡고 올라간 그 줄을 잡을 수 없었다. 도망간 아내, 보지 못하는 딸, 실직한 백수, 텅 빈 어두운 집과 끊어진 전화선이 파노라마처럼 스윽 지나가 남자를 가라앉게 했다. 남자는 이미 모든 게 절벽 아래에 있었다. 줄을 잡을 수 없는 사람이었다. 자신은. 피가 빠른 속도로 뿜어져 나왔고 남자는 점점 정신이 희미해져가는 느낌이 들었다. 술을 마시는 게 아니었는데. 때늦은 후회가 밀려왔다.

　어느새 지훈도 우물 위에서 자신을 내려다봤다. 석찬의 손에는 다 끌어올려진 두레박이 들려있었고 그들은 아무 말 없이 남자를 바라봤다. 어둠 속의 집에서 아내가 남자를 바라봤다면 딱 그들의 표정이었을 거 같은 느낌이었다. 뭐하노 빨리 안내려주고? 남자는 숨을 헉헉 거리며 크게 소리친다. 피 묻은 단어들이 우물 안에서 섞여 공기와 마찰해 그들에게 닿는다. 하지만 그들에게선 아무 소리가 들리지 않는다. 뭐라고?? 혹시나 잘 안 들리는 건가 싶은 남자가 더욱 더 크게 소리치지만 배의 통증만 더 심해질 뿐 그들의 입은 열리지 않았다. 석찬이 두레박을 우물 위 난간에 걸친다. 남자가 잡아야 할 끈은 두레박 안에 담겨 내려오지 않았다. 그리고 그들은 밤하늘의 별들 속으로 사라졌다. 남자는 더 이상 소리치지 않았다. 뜨거운 숨은 우물 안을 빙글 돌다 공허한 어느 구멍으로 빠져나갔고 빗발이 많아지기 시작하며 굵어지기 시작했다. 남자의 절망스런 한숨이 수증기가 되어 빗속으로 섞여 들어갈 때쯤 신발 바닥에서부터 핏물이 섞인 빗물이 찰방거리기 시작한다. 점점 세차지는 비는 마른 우물을 적셔 길들였고 그들이 떨어질 때 딸려 내려온 듯한 미미인형박스는 차오르는 물에 둥둥 떠다녔다. 입술이 창백해진 남자는 어느새 발목 언저리까지 올라온 차가움을 느꼈다. 입에서 토하듯 나온 핏덩이는 바닥까지 길게 이어졌지만 역시나 비와 함께 물속으로 빨려 들어갔다. 남자의 손에, 우물 안에, 끈은 없었고 친구들도 없었다. 모든 게 엉켜 떨어져 나가버렸다. 정신없이 마신 술이 위태롭던 장을 다시금 뚝,뚝 떨어지는 비처럼 끊어지게 했다. 돌이킬 수 없었지만, 돌이키고 싶었다. 별들이 가득 자리한 하늘 아래 보이는 두레박 사이로 조금 삐져나온 줄을 보며 자신은 절대로 닿지 못한다고 생각한다. 아마, 자신의 손이 닿는 순간 썩은 동아줄이 되어 끊어져버릴 거라고. 희미하게 되뇐다. 사람들이 깊은 잠에 빠져든 시간 남자는 발버둥조차 치지 않고 고립되어 갔다. 피를 많이 흘린 남자는 다리에 힘이 풀렸다. 어두운 비는 구름 낀 해가 산봉우리로 올라와 걸릴 때까지 잦아들지 않았다.

## 마침표와 느낌표 사이

김도윤
(문시중학교 1학년)

사람들은 마침표를 바라보며 걸어가고 있다. 허나, 나는 나만의 느낌표를 찾아 떠나고 있는 중이다.

나의 삶은 특별해야만 한다. 그러나 사실 나는 여태껏 부모님의 말씀에 의지하며 살아왔다. 그래서인지 남들과 목표가 거의 비슷했다. 매일 똑같은 일상이 반복되었다. 나의 삶은 부모님의 인형극 주인공에 불과했다. 언제부터인지 공부가 나의 턱밑까지 차오르고 있었다. 별똥별마저 나의 소원을 거부하듯 땅으로 곤두박질치고 있었다.

얼마 전 나는 학교에서 수행평가를 보았다. 그때까지만 해도 나는 내가 100점인 줄 알고 있었다. 다음 날 학교에 가보니 선생님이 나를 부르셨다. 나는 내가 시험을 잘 보아서 부르신 줄 알았다. 선생님은 나의 귀에 대고 살짝 말씀하셨다. 오늘부터 학교 끝나고 남아야 할 것 같다고 하셨다. 그렇게 1교시가 시작 되었다.

나는 내가 뭘 잘못했는지 생각해 보았다. 도무지 생각이 나지 않았다. 생각을 하고 있던 중에 선생님이 나의 이름은 부르셨다. 나는 멍 때리고 있느라 선생님의 목소리조차 듣지 못했다. 뒤에 있는 친구가 나의 등을 손가락으로 찔렀을 때 알았다. 선생님은 결국 교탁 앞에 시험지를 붙이셨다.

거기엔 60점이란 숫자만 크게 보이는 나의 시험지가 있었다. 아이들 모두 나를 비웃었다. 나는 당장이라도 뛰쳐나가고 싶었다. 저 시험지가 내가 남는 이유를 설명 하는 것 같았다. 나머지 공부를 하고 집에 갔는데 도저히 부모님에게 말씀을 드리지 못했다. 부모님이 나보다 더 큰 실망에 빠지실 것 같았다. 결국 나는 시험을 잘 보았다고 부모님한테 거짓말을 하였다.

그날 밤 침대에 누워 곰곰이 생각하다 내 눈 앞에 있는 많은 별들 중 한 별만 무리를 이탈하여 자신만의 방법으로 밤하늘을 즐기는 모습을 보았다. 나는 그때 문득 내가 지금 가고 있는 길이 과연 맞는지 나에게 질문해 보았다. 별들도 저렇게 자유로운데 난 지금까지 공부와 부모님에게서 헤어나오겠다는 생각만 하였지 정작 내가 무엇인가를 향해 실천한 것이 없었다.

나에게 주어진 삶을 떨쳐내려고만 할 게 아니라 그것을 보듬어 안고서 나만의 새로운 목표를 정해 여행을 할 준비를 해야 할 것이다. 가방에서 나를 기다리고 있었던 작은 지도 하나를 가지고 말이다. 지도가 가리키는 나의 정착지를 향해, 이제 그곳으로 떠날 준비는 끝났다.

나의 여행의 마지막은 느낌표로 장식될 것이다!

# 어버이날에 담긴 추억

김 성 빈
(만성중학교 2학년)

　지금까지 15년간 살아오면서, 15번의 어버이날을 보내면서 나는 그 15번의 어버이날 중에서 단 한번이라도 제대로 된 마음을 갖고 보낸 적이 있나 생각해보았다. 분명 어버이날은 자신을 낳고, 길러주신 부모님의 은혜에 보답하고자 하는 날일 것이다. 그런데 지금까지 그 행동을 나는 한 번이라도 제대로 해보았냐는 것이다.
　따지고 보면 지금까지 어버이날에 내가 해온 것들은 상당히 많았다. 종이로 된 카네이션부터 편지, 그림 등등 수많은 것들을 해왔다. 그러나 그것들은 내 마음이 들어가 있지 않고 오직 선생님께서 시켜서 한 것들 뿐이다. 내 인생에서 정말로 딱 한번쯤은
　내 마음을 담아서 진심으로 부모님께 감사를 드려야 하는데 그런 것 하나도 못하는 내가 참 바보 같았다.
　그래서 나는 이번 어버이날에는 진심으로 내가 하고자 하는 것을 마음을 담아서 해보기로 마음을 먹었다.
　먼저 부모님께 무엇을 할지를 정하기 시작했다. 기존에 했던 편지나 카네이션, 그림들도 부모님께선 흡족해 하셨겠지만 이번 어버이날엔 뭔가 좀 색다른, 기억에 오래도록 남을 것 같은 무언가를 해드리고 싶었다. 그러기 위해선 먼저 부모님이 무엇을 필요로 하시는지를 알

아야 한다. 밤낮없이 열심히 조사한 결과 어머니는 최근 외출할 때 꾸밀 만한 액세서리가 필요하셨다는 사실과 아버지는 고급스러운 손목시계가 가지고 싶으셨다는 사실을 알게 되었다.

그 날 이후, 나는 돈을 모으기 시작했다. 지금까지 모은 돈도 꽤나 있었지만 어버이날에 드릴 선물을 사기에는 모자랐기 때문에 어버이날까지 4개월 정도 동안 돈을 모았다.

돈이 어느 정도 모이고 어버이날이 한 달 정도 앞으로 다가오자 나는 조금 조급한 마음을 가지고 이번엔 어떤 방법으로 이 선물을 부모님께 드릴지 곰곰이 생각해 보았다. 선물만 달랑 드리면 뭔가 허전할 것 같아 특별한 장소에서 편지와 함께 드리기로 했다.

우리 부모님은 두 분 다 교회의 목사님이시다. 비록 작은 교회일지라도 행복하게 운영하고 계신다. 또한 우리 교회는 나에게도 여러 추억이 담겨있는 곳이다. 내가 태어나서 자라기를 대부분 교회에서 자랐다. 그렇기 때문에 교회에서 있었던 여러 가지 일들도 있었고, 여러모로 즐거웠던 곳이었기 때문에 나는 이번 어버이날에 부모님께 선물을 드릴 곳을 우리 교회로 정하였다.

어버이날이 점점 더 가까이 다가오자 나는 본격적인 준비를 했다. 먼저 선물 같은 경우에는 가게에서 직접 사서 교회의 창고에 숨겨놓고 있었고, 편지는 감사와 존경의 마음을 담아 정성껏 썼다. 이것으로 대부분의 준비는 끝났다.

이제 어버이날 당일이다. 나는 학교가 끝나고 곧장 교회에 가서 꾸미는 작업을 시작했다. 이전에 교회에서 행사할 때 쓰던 여러 장식품들을 달아놓고, 가운데에 '부모님 사랑해요!' 라는 글씨가 써진 종이를 걸었다.

꾸미는 작업이 끝나자, 나는 부모님께 전화를 걸어 교회로 오시라고 말씀드렸다. 가슴이 두근거려 터질 것 같았다.

드디어 부모님이 오셨다. 나는 배경음악을 깔아놓고 "부모님 사랑해요!"를 비롯한 감사의 말들을 부모님 앞에서 봇물 터지듯이 말하며 선물과 편지를 드렸고, 지난번에 달아드렸던 카네이션을 재사용해 부모님 가슴에 달아드렸다. 부모님은 깜짝 놀라며 크게 기뻐하셨고, 우리 아들은 있는 것만으로도 축복이라며 기쁜 마음을 표현하셨다.

비록 다른 행사처럼 크고 화려하지는 않지만 그래도 내 진심이 담긴, 내가 최대한 할 수 있는 데까지 노력하여 준비하고 실행한 나의 첫 어버이날이다.

사람마다 부모님이 계시고, 그 분들은 자식들을 위해 자신을 희생하며 그들의 자식들을 길러 성장시키셨다. 그렇게까지 우리들을 사랑하시는 부모님인데, 어찌 우리가 보답하지 않을 수 있겠는가.

올해 어버이날은 정말 평생 잊을 수 없는 추억이 될 것 같다. 앞으로 부모님께 효도를 많이 해서 부모님을 더욱 행복하게 해드려야겠다는 다짐을 해본다.

## 하늘 위에 새긴 판화

김예은
(고등학교 홈스쿨링 2학년)

어느 날, 전교생을 상대로 한 강연에서 강사가 했던 말이 갑자기 떠오른다. 저는 장담할 수 있습니다. 학창시절은 누구에게나 가장 그립고 찬란했던 시절입니다. 나도 모르게 피식, 쓴 웃음이 새어 나온다. 새 학기가 시작된 지 한 달 남짓 되었지만 나는 장담할 수 있다. 지금 내 학창시절은 최악이고 다시는 겪고 싶지 않을 악몽일 것이다. 움츠린 머리 위로 새까만 먹구름에 뒤덮인 하늘이 지나간다.

재작년에 아버지가 사다 준 갈색 손목시계는 정확히 11시 32분, 5초를 가리켰다. 목감기에 걸린 것 같다고 의사 선생님에게 거짓말한 다음 받아온 진단서를 흔들거렸다. 바람에 맞춰 진단서와 신발주머니가 쉴 새 없이 움직였다. 최대한 느리게 걸어야지. 나는 달팽이처럼 끈적이는 점액을 발바닥에 붙이고 천천히, 천천히 걸어갔다. 등굣길은 나의 마음과 다르게 아름다운 벚꽃 잎이 흐드러지게 피어 있었다. 얄밉다, 얄미워. 벚꽃 길을 걷는 즐거운 연인들도, 멋모르고 만개한 벚꽃 나무들도, 모두들 나와 다른 세상에 사는 것 같아. 혼잣말로 중얼거리다 보니 어느새 나의 걸음은 학교와 가까워졌다. 믿을 수 없겠지만 1센티 가까워지는 순간마다 나의 심장은 미친 듯 박동했다. 터질 것 같다는 심장의 느낌이 이런 걸까. 가슴이 조여 오면서 한 걸음 한 걸음 걷는 내가 밉고 답답해 왔다.

아침으로 매점에서 단팥빵을 하나 사서 질겅질겅 씹었다. 복도에 걸린 거울을 지나치며 나도 내 모습이 몹시 지질하다고 생각했다. 교무실에 도착해 담임선생님에게 병원 진단서를 제출했다. 담임은 진단서를 흘끗 쳐다보더니 이내 서랍 속으로 밀어 넣었다. 그리고 나의 손을 꼭 잡았다. 내가 감히 예측해 보자면 담임의 눈동자에는 걱정스러움과 안쓰러움, 약간의 귀찮음, 불쌍한 연민의 마음 등이 잔뜩 섞였을 것이다. 사실 그건 누가 보아도 알 수 있는 것들이었다. 괜찮니? 최대한 걱정이 묻어나오는 담임의 물음에 나는 아무런 대답도 하지 않았다. 아니, 차마 대답을 하지 못했다. 괜찮니, 그 한 마디는 목감기가 아니라 지금 나와 친구들의 지독한 관계를 암묵적으로 물어보는 말이었다. 쓸데없이 눈치가 빠른 나는 그런 담임의 의도를 정확하게 파악하고 있다. 하지만 또 한 번의 담임 상담은 나를 더 위험에 빠뜨릴 수 있음을 알았다. 나는 뜨거운 침을 꿀꺽 삼키고 적당한 말을 둘러댔다. 네, 괜찮아요. 신경 써 주신 덕분에. 이제 곧 나아지겠죠.

겪어보지 않은 사람들은 모를 것이다. 교실 문을 열자마자 분위기가 싸해지고 조용해지는 느낌을. 누구도 나와 눈을 마주치지 않았지만 시선은 내게 향해 있었다. 쟤는 학교에 오고 싶을까, 내가 저 위치가 아니어서 천만다행이야. 대충 이런 생각들이겠지. 익숙하다. 익숙하지만 덤덤해지는 건 무리이다. 내 자리는 창가 구석진 곳으로, 나와 참 잘 맞는 자리라고 스스로 그렇게 생각한다. 어둡고 음침하고 외로운 곳. 쓰레기통이 바로 옆에 있는 바람에 가끔 악취가 풍겨오기도 하지만.

자리에 앉아서 가방과 신발주머니를 걸었다. 나는 재빠르게 주변을 스캔하고는 안심했다. 아직 안 왔구나. 삼 공주가 늦게 들어왔으면 좋겠다. 아, 삼 공주가 무엇이냐면 은정, 민희, 세진, 이 세 명의 애들을 지칭하는 말이다. 저들끼리도 별명이 마음에 들었는지 SNS 별명도 삼 공주이다. 조금 예쁘장해서이기도 하지만 적어도 우리 반에서 삼 공주들은 진짜 공주 취급을 받는다. 남들과 다른 대접, 자기들이 우선순위인 관계. 가장 큰 특징을 들자면 그들은 나를 굉장히 증오하며 습관처럼 괴롭혀오고 있다는 사실이다.

때마침 종소리가 울렸다. 삼 공주는 헐레벌떡 교실 뒷문으로 들어왔다. 조금 있다가 지구과학 선생이 들어왔고 삼 공주는 교과서를 챙겨 빠르게 자리에 착석했다. 정말 비극적이지만 그들의 자리는 내 자리와 가까웠다. 몰래 나의 머리에 지우개 가루를 뿌리거나 종이 뭉치를 던지기 가장 적합한 곳이었다. 수업이 시작된 지 겨우 십 분이 지나자 삼 공주는 공격을 개시했다. 그들의 방법은 무식하지만 항상 비슷한 패턴이었다. 머리카락을 잡아당기고 내 공책에 크게 낙서하고, 지우개 가루를 뿌려댔다. 주변의 아이들은 곁눈질로 삼 공주가 나를 괴롭히는 걸 구경했다. 들리지 않을 정도로 작게, 킥킥 대면서. 정리해 보자면 우리의 교실은 삼 공주와 방관자, 피해자로 나뉠 수 있다. 그 애들은 방관자이다. 방관하면서 힘없는 내가 공격당하는 걸 즐거워하는 건 대체 무슨 생각일까. 내 입장이 되어 보지 않았으니까 당연히 모르겠지. 아니, 어쩌면 사소한 장난이라고 생각할지도 몰라. 나는 아무도 모르게 곪아버린 상처를 꾹꾹 누르고 참고 있는 건데 말이야.

삼 공주의 장난은 극에 치달아서 선생님이 있거나 말거나 나에게 종이 뭉치를 마구 던지기 시작했다. 내 몸과 마음처럼 구겨진 종이 뭉치에는 보통 병신, 왜 살아, 죽어, 이런 살인적인 문구들이 적혀 있다. 장난처럼 흘려 쓴 필기체로. 샤프로 아무렇게나 적힌 글씨는 붉게 물들고 튀어나와서 나의 목을 조를 것만 같았다. 등에 식은땀이 송골송골 맺혀 왔다. 계속 참고 있을 순 없을 거야. 말하자. 나는 머릿속으로 계속해서 되뇌며 마침내 책상을 박차고 일어섰다.

"그만해."

그렇지만 아주 짧은 순간에, 나의 작고 짧았던 외침은 누구도 들을 수 없었다. 삼 공주는 잠시 장난을 멈추더니 이내 큰 소리로 웃어댔다. 나는 얼굴에서 귀까지 모두 붉게 달아오름을 느끼며 도망치듯 교실 밖으로 뛰쳐나갔다. 속으로 커다랗게 소리쳤다. 끔찍해.

주머니에 동전 한 푼 없다는 걸 알면서도 어색하게 나뒹구는 손으로 뒤적거렸다. 집히는 건 실밥 덩어리뿐이었다. 가방이라도 가지고 올걸, 멍청하게. 후회가 밀려왔다. 교통카드, 천 원짜리 지폐 한 장 없는 고등학생은 도무지 갈 곳을 찾을 수 없었다. 그래서 자박자박, 소심한 발자국 소리에 맞춰 정처 없이 무작정 걸었다. 도보가 꺾이면 꺾이는 대로, 휘어지면 휘어지는 대로 걷다 보니 횡단보도가 나왔다. 한 시간 정도를 쭈욱 걷기만 한 것 같은데 횡단보도는 처음이었다. 간만에 바닥에서 시선을 돌렸다. 휘황찬란한 변화가 위로 화려한 술집들이 줄을 지었다. 왠지 모르게 오소소 소름이 돋았다. 여기까지 와서 횡단보도 걷는 게 왜 두려울까. 저 흰색 줄 사이가 너무 멀어 보였다. 발을 떼면 다시는 건너가지 못할 금단의 줄. 과장되게 보이겠지만 내겐 그렇게 느껴졌다. 그냥 지금처럼 돌아다니면서 구경만 해보자, 하는 생각이 머릿속을 지배했지만 맘과 달리 신호등은 여러 번 켜졌다 꺼지기를 반복했다. 돌아가자. 발을 돌려 제자리에서 U턴을 했다. 나의 일상으로 돌아가는 길은 정말 쉬웠다. 어렵게 냈던 용기는 순식간에 짓밟혔다. 누군가 유심히 봤다면 나는 아마도 바람에 흔들리는 허수아비처럼 보였을 것이다. 지푸라기가 듬성듬성 튀어나온 엉성한 허수아비.

집 현관문 앞에 섰을 때 우습게도 나는 겁부터 났다. 담임이 부모님에게 연락을 줬을까. 아니면 내가 그렇게나 당부했던 학교 얘기를 꺼냈을까. 한순간에 엄청난 떨림을 느꼈다. 기술 시간에 조립했던 모터가 심장에서 작동하듯 온몸이 떨려왔다. 철컥, 열쇠 구멍에서 기이한 소리가 울렸다. 최대한 안정된 표정으로 신발을 벗었다.

"왔니? 손 씻고 와서 밥 먹어라. 배고프겠다."

목소리 톤을 세밀하게 분석한 결과, 엄마는 아무 얘기도 듣지 못한 게 틀림없었다. 다행이야. 나는 화장실로 들어가서 찬물로 손을 씻었다. 모든 걱정이 물과 함께 수챗구멍으로 흘러 들어갔다. 백숙의 고소한 냄새가 코를 찔렀다. 얼른 의자에 착석하고 닭다리 뜯을 준비를 했다.

"요즘 무슨 일 없지?"

나는 화들짝 놀라서 숟가락을 바닥으로 떨어뜨렸다. 소름 끼치는 소리가, 쨍그랑 들리고 숟가락이 들썩였다. 엄마도 놀랐는지 눈썹이 한껏 올라가 있었다.

"엄마, 저 학교 그만두면 안 될까요?"

세상에, 지금 이 타이밍에 그런 말이라니. 말도 안 돼. 갑작스럽게 그 한 마디가 튀어나와 버렸다. 꾹꾹 참고 눌렀던 말들이 폭발해버렸다. 나는 집었던 숟가락을 다시 놓치고 말았다. 쨍그랑.

"너 지금 그게 무슨 말이야?"

속에서부터 뜨거운 것들이 올라오는 바람에 아무 말도 할 수 없었다. 목이 막혔다.

"지원이, 너 괜찮은 거야?"

나는 엄마의 말을 끊어 버리고 안고 있던 모든 말들을 순식간에 내뱉었다. 삼 공주가 지독하게 나를 괴롭혔던 것, 모두가 방관하고만 있었던 것, 나는 묵묵히 그 괴롭힘을 이겨내야만 했었다는 것…. 망가진 수도꼭지처럼 한꺼번에 쏟아지는 말들은 내 예상과 달리 넘쳐났다. 누구에게도 말할 수 없이 담아내고 담아냈던 게 산처럼 쌓였다. 눈물 콧물을 흘리며 울부짖는 나를 보며 엄마는 얼굴이 하얗게 질렸다. 내 말이 끝난 후에도 엄마는 정신이 없어 보였고 애꿎은 허벅지만 손으로 쓸어내렸다. 그러나 그런 엄마를 보면서 나는 한 가지 작은 희망을 품었다. 적어도 엄마가 날 다독여주고 그 애들을 혼내주겠지. 어떻게든 해결해 줄 거야….

다음날 손거울에 반사된 내 얼굴은 형체를 알아볼 수 없을 정도로 퉁퉁 부어 있었다. 부풀어 터진 만두쯤으로 보였다. 그럼에도 반짝이는 눈물이 한 방울 흘렀다. 기나긴 정적을 경험하고 난 뒤 처음 엄마가 꺼낸 말은, 좀 더 참아볼 순 없니. 어떠한 따사로운 위로를 바랐던 것도 아닌데. 적당한 위로와 내가 조금이라도 피할 수 있는 탈출구. 내가 바라는 건 이게 다였다. 엄마는 전학은 집안 사정상 너무 힘들고 자퇴는 절대 불가능하다고 했다. 내가 묵묵히 말을 듣고 있자 엄마는 확인사살을 시도했다. 딸, 그 애들과 화해할 수 없니? 듣다못해 나는 내 방으로 피신했다. 화해는 서로 싸운 사람들만이 할 수 있다는 걸 엄마는 왜 모르는 걸까. 내가 그 애들, 삼 공주에게 받아야 할 건 오로지 사과뿐이다.

또다시 학교에 가는 일은 무척 버거웠지만 발이 이끄는 대로 교실에 도착했다. 평소보다 일찍 도착한 탓에 자습시간을 가졌다. 답답한 공간에서 책에 집중하기는 어려운 일이다. 지루했던 수업시간처럼 책 끄트머리에 끄적끄적 낙서를 하면서 시간을 보냈다. 까칠까칠한 교과서 종잇장에 어제 보았던 엄마의 당혹스런 눈빛을 자세하게 그려 보았다.

반 애들이 하나둘 등교했고 마침내 삼 공주까지 모두 모습을 드러냈다. 삼 공주 중에 은정이 제일 기분 나빠 보였다. 아침부터 제 머리를 쥐어뜯고 보는 사람마다 성질을 냈다. 뭔가 불안했다. 제발, 삼 공주 눈에 띄지 않게 해주세요. 먹이사슬 가장 밑부분에 자리한 나는 포식자가 나를 발견하지 않기를 빌고 빌었다. 엎드린 채로 주위에서 하는 말을 귓속으로 주워담고 있는데 운이 없게도 그것이 은정의 시선에 꽤 거슬렸나 보다. 은정은 내 쪽으로 한 발 한 발 다가왔고 삼 공주 나머지 멤버들이 그 뒤를 쫓았다. 손금에 땀이 급속도로 고였다.

"야, 얼굴 들어봐."

까만 어둠 속에서 눈을 떴는데 밖은 밝은 빛줄기가 아닌 어둠으로 가득 찼다. 그 애들은 날 보며 사악하게 웃었다. 반으로 접힌 눈웃음이 나를 점점 포박했다. 넌 왕따의 굴레에서 절대로 벗어날 수 없어. 끝까지 우리가 원하는 대로 따돌림당하고 괴로워해야 돼. 그것이 네 운명인 거야. 나를 둘러싼 시선을 견딜 수 없어 나는 벗어났다. 어제처럼 모든 게 데자뷰였다. 스스로를 돌볼 시간도 없이 반복되고, 그들은 똑같이 행동했다.

어떻게 교실을 뛰쳐나왔는지 모른다. 머리가 어지러워서 가로등에 몸을 기댔다. 내가 기댈 수 있는 곳은 오직 가로등이었다. 마냥 참으라고 했던 엄마도, 무능한 선생님도 완전한 내 편이 될 수 없었다. 주변 사람들이 보기에 난 혼자 동떨어진 외딴 섬과 같겠지. 막막했다. 아무튼 나를 재워줄 사람은 필요했다. 그게 누구든지. 핸드폰에 저장된 연락처를 찬찬히 살펴보았다. 누가 있을까, 받아줄 만한 사람이. 첫 번째로 눈에 띈 사람은 유진이다. 유진은 일 년 전에 유학을 가는 바람에 학교를 자퇴했다. 연락을 못 한 지 꽤 오래지만 유진이라면 가장 신뢰가 갔다. 같은 중학교에 다닐 때도 나와 친했던 사이고 뭐든 잘해서 애들 사이에서 원더우먼이라고 불렸다. 그 이유로 내 전화번호부에도 유진은 원더우먼이라고 적혀 있다. 나는 사막에서 오아시스를 찾은 듯 유진에게 전화를 걸었다. 익숙한 여자의 음성이 들리고 통화 연결음이 이어졌다. 뚜뚜뚜. 받아라. 받아. 고객님께서 전화를 받을 수 없어…. 순간 외마디 소리가 튀어나왔다. 몇 번이나 다시 걸어봤지만 결과는 같았다. 유진은 지금 전화를 받을만한 여건이 되지 않았다.

한참 스크롤을 내려 보다가 힘겹게 연락처를 발견했다. 두 번째, 정아였다. 정아도 마찬가지로 연락을 못 한 지 6개월쯤 넘었다. 하지만 중학교 2학년 때 질풍노도의 시기를 함께 보낸 친구였고 가까운 편이었다. 정아는 고등학교에 들어가자마자 자퇴를 했다. 그럴듯한 이유는 들어본 적이 없지만 소문은 무성했다. 워낙 다정하고 착한 친구였기 때문에 고민 없이 전화를 걸었다. 초조한 마음으로 정아가 받기만을 기다리고 있는데 달칵, 정아가 전화를 받았다.

-여보세요?

정아의 목소리는 아저씨처럼 칼칼했다.

-정아 맞지? 나 지원이야.

수화기 너머로 어색한 침묵이 잠시 흘렀다. 혹시 정아가 나를 잊어버린 건 아니겠지.

-지원아, 어떡해. 너무 오랜만이다. 뭐 하고 지냈어.
　-나야 뭐. 학교 다니면서 공부하고, 그렇게 지냈지. 별다른 건 없어. 그보다 정아야, 부탁이 있는데.
　-뭔데? 다 들어줄게. 말만 해.
　이내 기분 좋은 콧소리와 명랑한 말투에 나는 안정감을 느꼈다.
　-나 며칠만 재워주면 안 돼? 사정이 있어서 집에 들어가긴 힘들 것 같아.
　정아는 호들갑을 떨면서 이것저것 물어봤다. 정아는 자기가 살고 있는 집에서 재워준다고 했고 나는 내 사정을 숨기지 않고 모두 말해줬다. 처음으로 한 가출에 든든한 지원군이 생긴 것 같았다. 그렇게만, 다행이라고만 생각했었다.
　정아가 산다는 집은 우리 집과 한 시간 정도 떨어진 거리에 위치했다. 집에 가기 위해선 오르막길을 두세 번 올라야 했다. 정아의 집은 겉보기에도 허름했고 주변 환경도 매우 안 좋았다. 골목길에 문란한 술집과 노래방, 술에 잔뜩 취한 사람들이 그득했다. 가는 길에 정아와 여러 가지 도란도란 얘기를 나눴다. 정아의 얘기를 들으면서 어느 정도 옛날에 내가 알던 친구와 많이 달라졌다는 걸 직감했다. 정아는 가출한 상태였고 부모님과 떨어져 살고 있었다. 새벽에 아르바이트를 나가면서 홀로 생계를 유지해 나간다고 했다. 그런 정아가 안쓰럽기도 하고 어려운 상황에서 날 받아준 것에 대한 고마움이 컸다.
　집 내부는 내 예상과 흡사했다. 작고 퀴퀴한 냄새가 났으며 곰팡이가 번진 곳이 대다수였다. 실망하지 않았다면 거짓말이지만 나를 위해 생각해 준 정아에게 감사하면서 가방을 방바닥에 내려놓았다. 구겨 넣은 옷가지들을 꺼내 놓자 정아는 옷장에 걸라고 하며 화장실로 들어갔다. 옷걸이에 정아가 입었던 옷과 내 옷을 정갈하게 정리했다. 그리고 나무로 된 옷장을 활짝 열었다. 기괴한 소리를 내며 열린 옷장 속에서 내 눈에 번쩍 띈 것이 있었다. 널브러진 셔츠 밑, 초록색 술병들. 실수로 옷장을 건드리니 유리병이 부닥치는 소리가 들렸다. 정아는 혼자 사는데 이렇게 많은 술병은 뭘까. 더 충격적인 건 창가에 있던 재떨이였다. 끝까지 말려들어간 담배꽁초가 아무렇게나 흩어졌다. 텁텁한 가루가 입가에 달라붙었다.

"정아야. 너 담배 피워?"

정아가 수건으로 머리를 말리면서 나왔다. 아, 너 그거 봤구나. 정아는 아무렇지 않은 표정이었다.

"가끔 담배 피우고 술도 마셔. 사는 게 너무 고단할 때가 있잖아."

그 말을 하는 정아의 얼굴은 수척하고 세상 다 산 여성 같았다. 한편으로는 얼마나 힘들면 저런 것들에 의지해서 살까, 하는 생각도 들었다. 정아는 새벽에 아르바이트하는 곳에 같이 가달라고 부탁했다. 더러 속된 인간들도 있는데다가 외진 길이어서 무섭다며 옆에만 있어 달라고 말했다. 곧 나는 고개를 끄덕였다. 그래, 같이 가줄게.

그러나 나는 좀처럼 잠을 청할 수 없었다. 여러 얼굴들이 상념 속으로 가득 들어와 있었다. 눈을 말똥말똥 뜨고 천장에 붙은 날벌레들을 하나, 둘, 셋 세어 봤다. 그러다가 문득 요란한 알람소리를 들었다. 정아는 급하게 옷을 갈아입었다. 늦겠다. 나가자, 지원아. 알바 가야 해. 뒤따라 나도 허둥지둥 겉옷을 걸치고 나갈 준비를 했다. 정아는 손에 은빛 담뱃갑과 라이터를 쥐었다.

낮은 봄같이 산뜻한 날씨였지만 지금은 서늘했다. 재킷 사이로 바람이 숭숭 들어왔다. 손목시계를 보니 새벽이 아닌, 이제 겨우 두 시가 좀 지난 시간이었다. 이 시간대에 한 번도 집 밖으로 나와본 적이 없는, 그 정도로 아주 깊은 밤이었다. 정아는 아르바이트 할 편의점에 가기 전에 들러야 할 데가 있다고 말했다. 아마도 정아가 향한 목적지에 가까워질수록 정아는 목소리를 낮추고 속삭였다. 옆에 가만히 서 있기만 하면 돼. 알겠지?

안 좋은 예감이 들었지만 뒤돌아서기엔 늦었다. 정아는 좁은 골목길 끝으로 들어갔다. 담배 연기가 자욱했다. 매캐한 연기 때문에 숨을 쉬기도 벅찼다. 정아의 최종 목적지는 담배 피우는 사람들이 많은, 골목길의 끝이었다. 그곳엔 머리카락을 물들인 사람, 교복을 입고 담배를 피우는 사람, 걸터앉아 술을 마시는 사람들이 모여 있었다. 심장이 두근거렸다. 이 사람들은 뭘까. 정아는 대체 왜 나를 이런 곳에 데리고 온 거지. 시선을 어디에 두어야 할지 몰랐다. 사람들은 무표정이거나 싸늘했다. 그저 담배만 퍽퍽 피워댔다. 정아는 몸을 90도로 숙여서 사람들에게 인사했다. 난 눈치를 보다가 구석에 찌그러진 깡통처럼 우두커니 섰다. 쇄골에 초록빛이 도는 문신을 한 남자가 정아의 어깨에 손을 올렸다. 정아는 담배 한 개비를 꺼내고 남자는 불을 붙여 주었다. 붉은빛이 타닥, 튀어 오르면서 검은 연기가 피어올랐다. 정아는 나를 흘끗 쳐다보더니 담배 연기를 들이마시고 입과 코로 내뿜었다. 낯선 모습에 속이 울렁거렸다. 세상이 빙글빙글 도는 것만 같았는데 옆에 있던 교복 입은 여자애가 내 곁으로 왔다. 여자애는 생글생글 웃으면서 담배를 건넸다.

"이거 새로 나온 거야. 이래 봐도 신상이라고. 한번 피워 봐. 정아 친구니까 특별히 주는 거야."

하얀 바탕에 심플한 담배를 들어보자 몇몇 눈빛이 나에게로 향했다. 어서 피워 봐. 눈빛들이 나를 쏘아봤다. 담배를 든 손이 덜덜 떨렸다. 누가 날 좀 구해 줘. 바로 그때였다. 띠리링, 내 주머니에서 핸드폰이 울렸다. 이곳 분위기와는 전혀 어울리지 않는 밝은 벨소리였다. 여자애는 받으라는 표시로 머리를 까딱였고 나는 한시름 놨다는 듯이 전화를 받았다.

-여보세요?

-지원아, 나 유진이.

유진이었다. 유진이 전화를 걸어온 것이었다.

-늦은 시간에 확인해서 미안. 네가 급했던 것 같아서. 중요한 일이야?

나는 울먹이면서 간신히 유진에게 대답했다.

-나, 사정이 있어서 가출했는데 갈 곳이 없어.

처한 상황을 간단히 설명해주자 유진은 급한 목소리로 자신과 부모님이 얼른 거기로 가겠다고 했다. 다행스럽게도 유진의 집은 이 근처였고 십 분 만에 유진의 어머니 차가 도착했다. 나는 재빨리 그 음산한 공간에서 뛰쳐나왔고 차에 탔다. 식은땀이 줄줄 흘러내렸다.

"지원아, 괜찮아? 걱정했잖아. 다치지 않았어?"

유진은 눈을 동그랗게 뜨면서 나를 살펴봤고 핫팩을 쥐어주었다. 골목길로 나가서 도로를 몇 분 달리자 유진의 집이 나왔다. 나는 정신없는 상태로 부축을 받으면서 그 집에 들어갔다. 집은 정아의 집과 다르게 포근하고 따뜻했다. 난로가 집안을 데웠고 푹신한 침대도 있었다. 무엇보다 감동받았던 건 유진의 부모님이었다. 잘 알지도 못하는 나를 위해 새벽에 일어나 차를 끌고 나왔고 배고팠을 거라면서 밥을 차려주었다. 마음이 진정되고 나자 유진은 여분의 잠옷을 가져다주었다. 그동안 삼 공주에게 당했던 얘기와 잠시 잠깐 정아와 있었던 일에 대해 말하면서 나는 침대에 나란히 누웠다. 유진은 묵묵히 내가 하는 말을 들었다. 가끔씩 맞장구를 쳐주면서 내가 편하게 말할 수 있도록 도왔다. 정말 어른스러운 친구다. 유진의 행동을 모두 지켜보면서 난 느낄 수 있었다. 담배를 피우고 술을 마시면서 어른인 척하는 애들보다 유진은 훨씬 성숙하고 생각이 깊었다. 내 이야기를 듣고 유진은 차분하게 위로를 던졌다. 그리고 흘러가듯 자신의 얘기를 해줬다.

"나도 힘들었어. 방황하고 부모님께 화도 자주 내고. 아무도 모르는 타지에서 한 유학생활보다 한국에 왔을 때가 더 힘들었거든. 나름 유학을 통해 많은 걸 배웠다고 자부했는데 또래의 아이들은 입시준비하기 바쁘고, 그걸 따라가기에는 정말 버거웠어. 그래서 스스로 학교를 그만둔 거야. 지금은 내가 진짜로 하고 싶은 걸 찾아가는 중이야. 이것저것 해보면서. 학교 밖에서 생활하는 건 자유도 있지만 그만큼 어려움도 있어. 남들이 보는 시선도 다르고. 그런데도 나는 내가 하고 싶은 걸 찾고 그것에 매진하면서 노력해볼 거야. 지원이 너도 그런 삶을 살았으면 좋겠어."

유진은 나도 좋아하는 일을 찾으면 좋겠다고, 진심으로 말했다. 나는 아무 말도 않고 머릿속으로 생각을 정리해 보았다. 삼 공주에게 당한 일은 분하고 화가 났다. 그러나 그 애들에게 받을 사과는 정식으로 받아내고 내가 하고 싶은 일을 찾아보고 싶었다. 트라우마에 머물러서 시간을 지체해봤자 나는 그대로이고 남들은 저만치 앞에서 달리겠지. 진심으로 말하면 나는 절대로 뒤처지고 낙오자로 살고 싶지 않다. 나의 것을 온전히 취하면서 날아오르고 싶다.

다음 날, 간밤에 꺼두었던 핸드폰의 전원을 켜니, 담임선생님과 엄마의 연락은 헤아릴 수가 없었다. 백 통도 더 넘는 것 같았다. 그러나 나는 핸드폰을 주머니에 다시 집어넣었다. 유진과 작별인사를 하고 나오면서 나는 처음으로 화창한, 푸른 하늘을 맛보았다. 구름이 노릇노릇 구워지고 있었다. 내가 하고 싶은 걸 찾고 그것에 매진하면서 노력해볼 거야. 유진이 들려주었던 말이 가까이에서 맴돌고 있었다. 나는 손에 책을 들었다. 그리고 볼펜으로 판화를 새기듯 또박또박 적었다. 내 꿈은 작가다. 역시 내가 그동안 가장 잘할 수 있었던 건 글을 쓰는 일이었다. 언제부터인가 마음 밭에 문학이라는 씨앗이 자라고 있었는데 그것을 미처 나는 깨닫지 못했던 것이다. 누군가의 아픈 마음을 위로해 주는 따뜻한 글을 쓰고 싶다. 쉽지는 않겠지만 모두를 위한 진정한 작가가 되어 나만의 글을 펴내고 싶다. 손에 쥔 볼펜이 햇살에 반사되었다. 나는 하늘을 향해 다시 글자를 적었다. 작가. 푸른 원고지가 바람을 타고 움직였다.

지금 돌이켜 생각하니 강연을 담당했던 그 강사의 말은 맞는지도 모르겠다. 적어도, 지금부터 나의 학창시절은 가장 빛날 것이기에.

## 자서전 작가

김 진 우
(보정고등학교 2학년)

　오늘은 남편이 회식 때문에 늦어서 혼밥을 했어요. 남편과 함께 밥을 먹는 것도 좋지만 오랜만에 여유롭게 밥을 먹는 것도 꽤 괜찮던데요. 제가 먹은 저녁 메뉴는 제육볶음이랍니다. 남편이 있으면 만들어 먹겠지만… 혼자 먹는데 재료 준비하고 요리하긴 너무 귀찮잖아요? 그래서 간단하게 차려 입고 근처 가게에 갔지요! 주문하고 잠시 기다리니 맛있는 제육볶음이 나왔어요.
　타자를 치고 제육볶음 사진을 올린다. 아니, 제육볶음 사진이 아니구나. 그저께 올렸던 파스타 사진을 잘못 클릭했네. 나는 마우스를 움직여 제육볶음 사진을 찾는다. 포스팅용 혼밥 사진은 컴퓨터 속에 쌓이고 쌓여 수백 수천 개로 늘어났다. 물론 내가 그렇게 많은 음식을 먹은 것은 아니다. 한 음식 사진으로 여러 블로그에 돌려 막아야 하기 때문에 사진을 다양한 각도와 다양한 화질로 찍는다. 오늘 필요한 제육볶음 사진은 어디 있지. 주부 블로그에 올릴 제육볶음 사진은 최대한 좋은 화질로, 맛있어 보이게 찍은 사진이다. 찾았다. 나는 제육볶음 사진을 올리고 내용을 마무리한다. '오늘도 만족스러운 식사였습니다. ^^' 주부 블로그의 내용은 언제나 이 문장으로 끝난다. 긍정적이고 친근하며 부드러운 말투. 활짝 웃는 모습의 상냥한 이모티콘도 곁들인다. 사람들이 원하고 바라는 주부다움을 연기하면 높은 조회수가 나온다. 높은 조회수는 곧 내게 돈이 된다.

　부럽네요~. 요새 제 남편도 늦게 들어와서 혼밥 중인데, 혼밥도 여러 번 하니 역시 쓸쓸하고 걱정도 많이 되네요. 이 놈의 남편이 뭘 하는 건지. 역시 남편은 남의 편! 잘 보고 갑니다. 서이추 부탁드려요~!

　포스팅을 하고 나서 금방 달린 댓글이다. 높은 조회수를 기록하는 다른 방법중 하나는 이런 댓글에 정성스럽게 답글을 달아주는 것이다.

　그러게요. 저는 남편이 술을 자주 마시진 않지만, 마실 때 마다 너무 늦게 들어와서 걱정이에요. 거기다가 술주정이 어찌나 심한지. 술 먹고 똑바로 침대에서 자는 걸 본적이 없어요. 특히 씻을 때 크게 크게 노래 부르는 게 너무 힘들어요ㅠㅠ. 혹여나 옆집에서 찾아오지 않을까 걱정한다니까요. 이웃이 다 차서 새로 이웃 정리할 때 꼭 이웃 추가해드릴게요~!

　이로써 주부 블로그 일은 끝난다. 방문자 수도 충분하고 조회수도 나쁘지 않으니, 아마 내일 오전 중으로 블로그를 구매하겠다는 연락이 올 것이다. 나는 수첩을 꺼내 주부라고 적힌 글자에 두 줄을 긋는다. 수첩에 남아있는 역할들 중 줄을 긋지 않은 역할은 회사원과 학생뿐이다. 내겐 내가 맡은 다양한 역할만큼의 블로그가 있다. 하지만 블로그들의 포스팅 내용이 많이 다르거나 하지는 않다. 주로 혼자 밥을 먹거나, 혼자 영화관에 가거나, 혼자 카페에 앉아 커피를 마시는 내용이다. 나는 사진 폴더를 열어 역할별로 사진을 할당한다. 달콤한 디저트는 학생용, 씁쓸하고 진한 커피는 야근에 시달리는 회사원용. 분식은 학생용, 백반은 회사원용. 모든 사진은 일인분의 양이다. 나는 회사원이 혼밥을 하게 된 이유에 대해 생각한다. 어쩌다 그는 혼밥을 하게 되었을까. 직원들이 자신을 빼고 전부 나가버려서? 일을 너무 열심히 하다가 점심시간을 놓쳐서? 어떤 이유를 대도 모두 조금씩 어색하다. 단체 생활에 적응하지 못하고 점심시간을 못 지키는 회사원이라니. 그렇게 사회생활이 서툴고 시간감각이 없는 회사원은 전혀 회사원스럽지 않다. 어쩔 수 없지. 제육볶음 혼밥은 학생 블로그에만 업로드 하자. 학생에게 혼밥이란 자연스러운 것이니까.

현관문 열리는 소리가 들린다. 안 봐도 뻔하다. 남편이다. 또 진창 마시고 들어 왔겠지. 새벽마다 현관에 쓰러진 남편을 부축하는 것도 지긋지긋하다. 아빠만 없었어도 저놈의 원수를 부축하는 일은 없었을 텐데. 봐라. 남편의 꼴이 엉망이다. 여기저기 번진 색조 화장. 완전히 뜯어진 스타킹. 엉망이 된 머리. 도대체 술을 어떻게 마시고 무슨 짓을 해야지 이런 꼴이 되는 걸까. 나는 남편을 부축해서 방의 침대에 던져둔다. 침대에 힘겹게 올려둔 남편은 침대에서 굴러 떨어진다. 떨어진 남편은 땅바닥을 기더니 이내 방구석에 틀어박혀 몸을 구부린다. 그 일련의 행동이 너무나 자연스러워서 어이가 없다.

"누나 일어나 봐."

누나는 몸을 뒤척이며 벌레를 쫓듯 나를 향해 손을 휘젓는다. 나는 누나를 잡고 흔든다. 도저히 이해할 수가 없다. 도대체 왜 침대를 두고 바닥 구석에 박혀 잠을 자는 건가. 내가 계속 누나의 몸을 흔들자 누나는 소리를 지른다. 시끄러운 비명은 곧 음정을 찾더니 누나가 매일 흥얼거리는 콧노래로 바뀐다. 나는 필사적으로 누나의 입과 코를 틀어막는다. 복도에서 소리가 들려온다. 아빠다. 방문이 세차게 열린다.

"이 계집애, 언제 정신 차릴래?"

아빠의 목소리는 잠겨있는 상태다.

"지금이 도대체 몇 시냐. 이 시간까지 또 술을 먹고 온 거냐? 내가 너 술 마시는 걸로 뭐라 하든? 12시 넘기 전에만 집에 들어오란 말이야. 어느 집 기집애가 지금 시간까지 술을 마시다 집에 들어오든? 재깍 집에 들어오지. 많은 건 안 바란다. 남들처럼만 살라고 몇 번이나 말하니. 답게 살아, 답게."

아빠는 누나에게 바짝 다가서며 말한다. 날이 선 말투와는 달리 목소리는 작고 차분하다. 눈은 반쯤 감겨있지만 말을 더듬거나 어눌하지는 않다. 누나가 새벽에 들어올 때면 반복하는 똑같은 말이다. 최근에는 누나가 새벽에 들어오는 날이 너무 잦았다. 내가 아빠의 말을 달달 외울 수 있을 정도였다. 너무 자주 들은 탓에 이제 누나도 딱히 대꾸하지 않는다. 변명을 하든, 화를 내든, 소리를 지르든 아빠는 평소와 똑같은 어조로 똑같은 말을 계속해나갈 테니까. 밤에 하는 아빠의 잔소리는 듣는 사람의 기분을 나쁘게 한다. 부모님의 잔소리를 듣고 좋아하는 자식은 없겠지만, 반복되는 잔소리 속에서 적어도 자신을 향한 염려나 걱정을 느낄 수는 있을 것이다. 그러나 아빠의 잔소리에는 그런 것이 없다. 아빠는 잔소리를 하는 동안 우리를 쳐다보지도 않는다. 심지어는 눈을 감고 졸면서 잔소리를 하는 경우도 있다. 그럴 때면 아빠가 잔소리를 하는 기계처럼 느껴졌다. 그러니까, 상황에 맞는 말을 한다기보다 정해진 타이밍에 정해진 말을 그저 규칙적으로 쏟아내는 것 같았다.

"여자애로 태어났으면 여자애답게 굴어. 조신하게. 좋은 남자 만나서 결혼하고. 자식새끼 뒷바라지만 제대로 하란 말이야. 그게 순리야. 정해진 인생의 방향이라고. 부디 내 마음이 전해졌길 바란다. 시간도 늦었는데 가서 자라."

아빠의 잔소리가 끝난다. 아빠는 방으로 돌아가 방문을 닫는다. 누나는 아까 누워있던 바닥에 그대로 다시 돌아눕는다. 그리고 눈을 감는다.

"엄마가 있을 땐 잔소리 한 번 한 적도 없는 주제에…"

누나가 혼자 중얼거린다. 나는 땅바닥에 납작하게 붙은 누나를 쳐다본다. 아무리 봐도 침대로 돌아갈 마음이 있어 보이지 않는다. 나는 누나 방에 불을 끄고 내 방으로 돌아간다. 생각해보니 그랬다. 엄마가 살아있을 적 아빠는 우리에게 제대로 잔소리를 한 적이 한 번도 없었다. 잔소리는 언제나 엄마의 몫이었다. 저렇게 말이 많던 사람이 왜 그랬을까? 어쩌면 점잖은 가장을 연기하고 있었던 건지도 모른다. 요란하고 시끄러운 잔소리는 엄마의 역할. 점잖게 가정을 돌보는 것은 아버지의 역할. 나는 아버지라면 그런 역할들을 나누어 지키고 있었던 걸 수도 있겠다고 생각한다. 이제는 엄마가 없으니 그 역할을 할 수 있는 사람이 자신 뿐이라고 생각한 걸까? 그렇게 엄마의 역할이 하고 싶었다면 집안일이나 좀 도와줄 것이지. 매일 아침 가족들의 식사를 책임지는 것은, 가족들이 입었던 옷을 빨래하는 것은 마찬가지로 엄마의 역할이 아니었던가? 나는 불을 끄고 침대에 눕는다. 베개에 귀를 대고 벽을 향한 채 냉장고에 있는 재료를 떠올려본다. 두부가 있고, 파 바지락이 조금 남았으니 된장국을 끓여야겠다. 반찬으로는 계란 프라이가 적당하겠지? 계란은 남아 있나? 떠올리려 했지만 쉽게 떠오르지 않는다. 나는 잠시 망설이다가 한숨을 쉬며 침대에서 일어난다. 부엌으로 가 냉장고 문을 열어본다. 계란이 두 알 뿐이다. 나는 계란 프라이에서 스크램블로 메뉴를 변경한다.

아빠는 된장국을 한 숟가락 떠서 마신다.
"너무 짜다."
"그럼 아빠가 만들어 먹든가."
"말을 그런 식으로밖에 못하니? 짠 걸 짜다고 하지 뭐라 해? 나중에 만들 때 도움이 되라고 말하는 거잖아. 요새 왜 이렇게 예민한지 몰라."
나는 마지막으로 내 밥을 푼 뒤 앞치마를 벗고 식탁 의자에 앉는다. 수저를 집어 들며 식탁 위를 훑어본다. 소세지야채볶음, 스크램블에그, 된장국, 잘게 지은 밥. 주부생활 일 년차 치고는 조촐한 아침상일까. 그래도 난 남자이고 학생인데. 아침식사를 차리는 것은 두 역할 중 누구의 일도 아닌데. 이정도면 꽤 괜찮은 게 아닐까. 다른 것은 다 그러려니 넘길 수 있지만 손가락 하나 까딱하지 않고서 내가 힘들게 차린 식탁에 딴지를 거는 것만은 참기가 어렵다. 나는 결코 아빠나 누나를 사랑해서 아침에 고생하며 밥을 만든 것이 아니다. 단지 누군가는 해야만 할 일이니까. 나는 아침을 먹어야 하루를 시작할 수 있는 사람이고 내 것만 차리기에는 너무 속이 좁아 보이니까. 그래서 아빠와 누나 것까지 만들어 주었을 뿐인데. 내 입맛에 맞춘 내 음식이 도대체 어디가 문제일까. 설거지조차 하지 않고 나가는 사람들이 내 음식에 뭐라 할 자격이 있을까. 나는 아빠를 노려본다.

"나 이제 아침 안 차려. 각자 차려 먹어."

아빠가 밥을 먹다가 잠시 젓가락과 숟가락을 내려놓는다. 이제 내가 세상에서 가장 싫어하는 시간이 시작된다.

"다들 잘 들어라. 요새 교육이 좋아지고 세상이 좋아졌다 한들 부모 말 안 들으면 제대로 못 산다. 나도 아침마다 니들한테 내 시간 허비하며 이런 말하기 싫다. 그런데 어쩌겠냐. 요새 니들 하는 짓을 보면 이런 말을 안 할 수가 없다. 둘 다 밤늦게까지 뭐 하는 것 좀 그만해라. 왜 부모가 자꾸 걱정하게 만드는 거냐? 가장 큰 효도가 뭔지 아냐? 부모 해외여행 시켜주는 거? 성공한 사람 돼서 이름 널리 알리는 거? 아니다. 그냥 걱정시키지 않고 사는 거다. 남들 하는 공부해서 남들처럼 대학 가려무나. 남들 따라서 대학 갔으면 남들처럼 졸업하고 취직하렴. 내가 니들 미래 걱정만 안 하게 살아다오. 그렇게 하려면 어떻게 해야 하는지 아니? 지금 주어진 역할에 충실하는 거야. 너희들 학생이잖아. 학생은 학생다워야 하는 법이야. 일찍 자고 공부하는 게 학생다운 거란다. 대학생은 학생 아니니? 술 좀 그만 마시렴. 밤늦게까지 컴퓨터 붙잡지도 말고."

새벽에 하는 잔소리가 빵이나 수프 같은 익숙한 식전요리라면, 잠이 깬 상태에서 하는 지금의 잔소리는 메인 요리다. 무슨 내용의 잔소리가 나올지 전혀 예측할 수 없다. 술 먹고 늦게 들어온 누나만 혼나면 될 걸, 왜 나까지 혼나야 하지? 밤늦게까지 깨어 있어도 아침에 일찍 잘 일어나면 되는 거 아닌가? 난 아빠를 도무지 이해할 수가 없다.

"아빠는 말이다. 어렸을 때 공부를 열심히 하진 않았어. 그렇다고 죄를 짓거나 싸움을 한 것도 아니야. 음식도 투정 없이 주는 대로 먹었어. 그저 남들 하는 만큼, 남들 크는 만큼 하고 컸어. 좋은 일도 하기 싫은 일도 하고. 학교 가는 일만 생각하면서 살았어. 부지런하게. 아빠 어렸을 때는 섬에 살았거든? 하루는 너희들 할아버지 사업이 쫄딱 망해가지고 집에서 학교까지 수영해서 간 적도 있다. 그 교통비 조금 아끼기 위해서 말이야. 매일 일찍 자고 일찍 일어나니 등교 시간이 부족하진 않더라. 내가 수영하면서 학교 가는 걸 보고 너희들 할머니가 얼마나 좋아하던지… 나중에는 먹고 살만 해졌는데도 나한테 교통비가 아니라 수영복을 사주더라. 나도 어처구니가 없었지. 그때는 도저히 엄마를 이해하지 못했어. 그런데 돌이켜 보니 엄마의 선택이 맞다. 내가 그때 수영을 해서 학교에 가지 않았다면 지금처럼 체력이 좋았을까? 체력이 안 좋았다면 내가 니들 먹여 살리는 게 가능했을까? 봐라. 부모님 말씀, 행동 틀린 거 하나 없다. 니들도 아마 지금은 내 말이 이해가 안 가겠지. 크면 나처럼 다 이해가 갈 거야. 시키는 대로만 해라. 그게 니들을 위한 일이다."

이해가 안 간다. 커도 이해가 안 갈 것이다. 이렇게까지 확신이 드는 말은 처음이다. 숟가락도 제대로 들지 못하고 입을 다물지 못하는 누나가 보인다. 누나의 눈동자에는 혼란스러움과 약간의 혐오가 고스란히 묻어있다. 아마 나도 누나와 똑같은 표정과 몸짓일 것이다. 휴대폰을 꺼내 긴급 전화 목록을 본다. 정신이 아픈 거라면 119. 아니면 112? 그것도 아니라면 111인건가? 간첩일 수도 있으니. 아빠는 말을 다 끝냈는지 평온히 다시 밥을 먹는다. 아빠가 왜 여기서 잔소리를 끝내지? 평소엔 좀 더 길게 하지 않았나? 아빠가 왜 짠 된장국을 먹지? 입에 안 맞으면 쳐다도 안 보던 사람이. 오늘따라 왜 쩝쩝거리며 밥을 먹지 않는 거지? 사소한 것 하나하나가 모두 이상해 보인다.

"아빠 괜찮아? 음식이 좀 많이 이상해?"

"무슨 소리를 하는 거야. 얼른 밥이나 먹어라."

아빠야 말로 무슨 소리를 하는 걸까. 아빠는 육지에서 태어났다. 섬은커녕 작은 강조차 없는 산골짜기에서 말이다. 우린 할머니를 본 적이 없다. 아빠한테 제대로 된 얘기조차 들은 적이 없다. 할머니는 아빠가 어렸을 때 다른 남자와 바람이 나 야반도주를 했기 때문이었다. 그렇다면 아빠가 술술 말하던 기억은 무엇일까?

"잘 먹었다. 아빠 일 다녀온다."

나와 누나는 자리에서 일어나는 아빠의 뒷모습을 바라보기만 한다. 그 누구도 섣불리 말을 꺼내지 않는다. 한동안 말이 없던 누나가 고개를 저으며 식사를 재개한다. 나는 잠시 식탁을 둘러보다가 얼굴을 찌푸리며 자리에서 일어난다. 자리가 두 개나 비어버린 식탁에서 밥을 먹고 싶지는 않다. 엄마도 없고 아빠도 없는 가정은 평범하지 않으니까. 그런 것을 가족이라고 부르는 것은 이상하니까. 나는 얼른 내 그릇과 아빠의 그릇을 닦고 학교로 간다.

좁은 유리 너머로 몇 개 남지 않은 빵들이 보인다. 나는 빵 자판기에 돈을 넣고 버튼을 눌러 빵을 뽑는다. 그리고 조용히 교실에서 먹는다. 빵을 거의 다 먹었을 때쯤 깜빡하고 빵 봉지 사진을 찍지 않았다는 것을 떠올린다. 하지만 괜찮다. 혼자 교실에서 빵을 먹는 포스팅은 너무 많이 올렸으니까. 방과 후에 먹는 식사 사진을 찍으면 된다. 예정대로 오전 중에 주부 블로그를 사겠다는 연락을 받았다. 게다가 예상치 못했지만 회사원 블로그도 괜찮은 가격을 받고 팔 수 있었다. 조회수는 조금 낮지만 방문자 수가 평균보다 많아 팔 수 있었던 것 같다.

수첩을 꺼내 관리중인 블로그 목록을 본다. 주부, 회사원, 학생. 이중에 주부블로그와 회사원 블로그는 팔렸다. 이제 남은 블로그는 학생블로그 뿐이다. 어째서 팔리지 않는 걸까. 방문자 수나 조회수도 회사원보다 잘 나왔는데. 다른 곳에 문제가 있는 걸까? 나는 휴대폰을 켜 학생 블로그에 들어간다. 다시 한 번 포스팅의 내용을 확인한다. 혼자 밥을 먹거나 혼자 노래방에 가거나 혼자 영화를 본 내용. 모두 평소 내 일상을 거의 그대로 담고 있다. 말투도 아무런 문제가 없다. 나는 마지막 수단으로 댓글들을 살펴본다.

나도 이 분처럼 혼밥 잘하고 싶다.

우리 서이 하실래요?

학생이 저렇게 혼자 다닌다고? 딱 봐도 꼰대.

댓글들 중에서 하나의 댓글이 눈에 거슬린다. 학생이냐고? 당연한 거 아닌가? 나는 정말로 학생인데. 사진 속 나는 교복을 입고 있다. 교복이 학생스럽지 않다면 무엇이 학생스러운 거지? 분식집에서 밥을 먹고 남는 시간에 노래방에 가고 주말이면 영화를 보는 게 학생스럽지 않다면, 무엇이 학생스러운 걸까. 혼자 다니는 것. 그게 뭐가 어떻다는 걸까. 질문의 요지를 알 수 없다. 내가 주부를 연기할 때도, 회사원을 연기할 때도 이런 질문을 받았던 적이 없었다. 머리가 지끈거린다. 손이 떨린다. 답게 살아, 답게. 아빠의 목소리가 들리는 것 같았다. 아빠가 옳았나? 나는 학생답지 않은가? 주위를 둘러본다. 모두가 밥을 먹으러 간 탓에 교실에는 오직 나 혼자뿐이다. 점심시간에 펼쳐지는 평범한 교실의 풍경이다. 휴대폰으로 다른 학생 블로거들을 찾아본다. 그들은 영화관에서 사진을 찍었다. 노래방에서, 피씨방에서, 식당에서. 나와 똑같은 장소에서 사진을 찍었다. 하지만 그 사진 속에는 여러 명이 있다. 그렇다면 여러 명이서 몰려다니는 것이 학생다운 것인가. 그렇다면 나도 여러 명이서 몰려 다녀야 한다. 나는 학생이니까. 사람은 답게 살아야 하니까. 지갑을 펼쳐 가지고 있는 돈의 액수를 파악한다. 그리고 운동장을 바라본다. 컴퓨터를 사기 위해 아껴둔 돈인데. 어쩔 수 없다. 학생다움을 위해서라면 상관없다. 내가 학생다워진다면 블로그도 팔릴 테니까. 나는 지갑을 다시 주머니에 넣는다. 그런 후에 걸음을 옮겨 운동장으로 향한다.

 저녁 늦게 현관문을 연다. 밀가루가 타는 냄새와 시큼한 김치 냄새가 코를 찌른다. 나는 거실을 향해 달린다. 바닥에 펼쳐진 하얀 가루와 붉은 액체들이 흡사 공사장의 살인 현장을 연상하게 만든다. 탄 냄새를 계속 맡아서 그런지 뒷목이 약간 당긴다. 머리가 어지럽다. 고개를 두리번거린다. 시선을 약간만 돌리는 것으로도 범인이 보인다. 범인은 이 어지럽고 추잡한 현장의 중심에 서 있다.
 "뭐하는 거야?"
 "김치전이 먹고 싶어서."
 "만들어 달라 하면 되지. 하지도 못하고 하지도 않던 짓을 왜 하는데?"
 "내가 만들어 먹고 싶어서."
 나를 보는 누나의 눈에는 미동조차 없다. 죄책감이나 미안함이라고는 찾아볼 수 없다.
 "도대체 왜 그러는 거야?"
 "뭐가?"
 "왜 누나답지 않게 구냐고. 왜 자꾸 나한테 피해를 주는 거야. 이거 누나가 치울 거야? 방청소도 제대로 못 하는 누나가 이걸 어떻게 치우는데. 또 내가 치워야 해? 또 화난 아빠한테 같이 혼나야 해? 누나 요새 왜 그래? 잠은 바닥에서 자고 틈만 나면 노래나 부르고. 나 진짜 누나 때문에 미치겠어. 좀 조용히 살자고. 옛날처럼 입 다물고 편안하게 살자고."

누나는 무엇인가를 말하려다가 입을 다물고 식탁 앞에 조용히 앉는다. 그리고 김치 통에 있는 김치를 꺼내 보울에 담고 물과 부침가루를 마저 넣는다. 내가 이렇게 얘기하는 것 쯤은 아무것도 아니라는 듯, 편안한 표정으로 하던 요리를 계속한다. 눈앞이 어두워진다. 나는 누나를 향해 뻗어나가는 손을 주체할 수 없다. 누나에게 내 주먹이 닿게 될 것이라고 생각하는 순간, 나는 즉시 주먹을 멈춘다. 누나를 때리지 않아야겠다는 생각 때문은 아니다. 현관문이 열리는 소리가 내 행동을 멈추게 만든다. 아빠가 집으로 들어온다.

"이게 다 뭐냐?"

나와 누나는 일제히 아빠를 쳐다본다. 나는 누나를 필사적으로 바라본다. 제발, 이번만큼은 그냥 잘못했다고 말해줘. 그냥 넘어가 줘. 잘못한 것 맞잖아. 누나는 내 시선은 하나도 신경 쓰지 않고 말한다.

"김치전이 먹고 싶어서."

아빠는 누나를 유심히 쳐다본다.

"나와, 내가 해줄 테니까."

"싫어. 내가 할 거야."

"괜히 아까운 밀가루랑 김치 내다 버리지 말고 나와. 여자답지도 않은 애가 갑자기 요리를 한다고 자빠졌어."

보울에 담긴 김치를 주물럭거리던 누나의 손이 멈춘다. 누나는 아빠를 응시한다. 누나가 김치를 너무 세게 쥐었는지 누나의 손에 자그마한 핏줄이 돋는다.

"여자처럼 행동하라며. 여자고 딸이라서 밥하고 청소하고 일찍 들어오고 일찍 일어나는 그게 내 역할이라며. 그래서 하잖아. 내가 만들겠다고. 아빠 어차피 우리 걱정 안 하잖아. 그냥 엄마가 하던 거니까 비슷하게 따라 하려고 잔소리하는 거잖아."

아빠는 침묵한다. 나는 누나의 입을 막으려 하지만 누나의 말은 더욱 빨라지고 커진다.
"엄마는 아빠 때문에 죽었잖아. 아빠가 자기 책 낸다고 삽질하느라. 엄마가 우리 먹여 살리기 위해서 밤낮으로 일해서. 아빠가 아빠답지 못해서 죽었잖아. 남들처럼 왜 안 했어?"
쉬지 않고 말을 쏟아내던 누나의 시선이 이번에는 나를 향한다.
"너는 왜 나한테 뭐라고 해? 안 하던 짓 하지 말라고? 너도 원래 안 그랬잖아. 해주는 밥 먹고 마음껏 어지럽히고. 그냥 하던 대로 살아. 역겹게 굴지 말고."
더러운 집을 남들에게 보여줄 수 있을까? 누군가 아침밥을 안 먹고 다니는 이유를 물으면, 뭐라고 대답할 수 있을까? 나는 누나와 아빠를 지켜주고 있었다. 누나와 아빠가 평범한 가정이라는 틀에서 벗어나지 않도록. 누군가의 방문으로부터, 질문으로부터 곤혹스럽지 않도록. 그런데 돌아오는 말은 이거다. 나 역시 누나에게 소리 지른다.
"어쩌라고. 엄마가 없는데. 엄마가 없으면 누군가 엄마의 역할을 해야 하잖아. 그걸 지금 내가 해주는 거잖아. 그게 역겹다고? 나는 누나가 더 역겨워. 뭐할 건데 그래서?"
"바꾸려고."
뭐를? 내가 물으려던 순간 누나는 방에 들어가 짐을 챙겨 나온다. 나는 어지러운 거실 바닥에서 현관을 나서는 누나를 바라본다. 누나가 잘못한 건데. 평소보다 훨씬 더 당당하고 곧은 누나의 발걸음이 이상하게만 느껴진다.

블로그 파실 건가요?
아니요.
나는 아직 학생 블로그를 팔지 않기로 결정했다. 블로그의 조회수가 폭발적으로 증가하고 있기 때문이다. 조금만 더 블로그를 키우면 아마 내가 키웠던 블로그 중 가장 큰 값을 받을 수도 있다. 아빠의 월급? 아니다. 그보다 더 많은 돈을 받을 수도 있을 것이다. 컴퓨터를 새로 맞출 생각에 몸이 떨려온다. 다음 포스팅은 뭐로 해야 하지? 조회수를 올리기 위해서는 주기적인 포스팅이 필요하다. 친구들과 여러명이서 논 사진을 포스팅 해야 하나? 하지만 그것은 돈이 너무 많이 든다.

그날, 운동장에 나섰던 나는 점심시간이 거의 끝나갈 무렵까지 망설였다. 그러나 학생다운 포스팅을 위해서는 반드시 누군가와 함께 찍은 사진이 필요했다. 계속 망설이던 나는 예비종이 친 후에야 운동장 구석에 모여 어기적거리던 아이들에게 다가갔다.

"혹시 나랑 오늘 놀아줄 수 있어? 돈은 줄게."

내 말을 들은 같은 반 아이 5명은 모두 웃었다. 웃음소리가 너무 커서 운동장에 있던 사람들의 시선이 모두 우리에게 향했다. 나는 큰 웃음 앞에서 사람이 작아질 수도 있다는 사실을 배웠다. 그중에서도 가장 크게 웃던 아이가 나에게 물었다.

"얼마 줄 건데?"

"십 만원?"

아이들은 내 앞에서 얘기를 하기 시작했다. 중간 중간 너무 크게 소리 지르고 떠들어서 제대로 대화가 들리지 않았다. 술값, 담뱃값, 찐따, 왕따, 가오. 몇 가지 단어들만 조금씩 반복될 뿐이었다. 가만히 대화를 듣다 보니 내가 무슨 짓을 하는 건가 싶은 생각이 들었다. 나는 계속 고민하는 아이들에게 말했다.

"미안. 그냥 됐어. 가볼게."

가장 큰 아이가 내 어깨를 잡았다.

"사람이 많잖아. 십 만원은 너무 적고, 이십 만원 주면 놀아줄게. 물론 당구장, 피씨방, 노래방, 밥 먹는 거 다 네가 내주는 걸로."

내 생각보다 너무 출혈이 컸다. 이렇게 되면 조회수를 올려봤자 아무 소용이 없었다. 어차피 올라가는 블로그 값만큼 지출이 커질 테니까.

"아니야. 괜찮아. 고민해줘서 고마워."

녀석은 내 어깨 위에 얹은 손에 힘을 줬다. 오른쪽 어깨가 아려왔다.

"왜 도망치려고 하냐? 사람 기분 나쁘게. 우리가 놀아준다니까?"

어깨 위에 얹힌 손을 털어내려 했지만 그럴수록 점점 더 누르는 힘이 묵직해졌다. 몸이 통째로 가라앉는 느낌이 들었다. 나는 살기 위해 고개를 끄덕일 수밖에 없었다.

그날은 하루 종일 녀석들과 돌아다녔다. 사진을 찍어도 실루엣만 겨우 보일 정도로 어두운 곳 뿐이어서 사진을 올릴 때 따로 모자이크를 하거나 스티커를 붙일 필요가 없었다. 나는 내 선택을 후회했지만 그 후회는 채 한 시간을 넘기지 않았다.

학생다워서 좋네요.

형도 나랑 비슷하게 노는구나?

보정고 주위 놀만한 데 추천 좀 해주세요.

수많은 댓글 중에서 가장 마음에 드는 것은 역시 학생답다는 댓글이다. 너는 이제 정상이야. 이렇게 선고 받은 것만 같다. 학생 블로그를 더 키우자. 애들한테 돈을 주고 부탁해서 사진을 계속 찍자. 적자가 나더라도 상관없다. 다른 블로그들을 키워서 판 걸로 적자를 매우면 되니까. 이제 곧 나도 담배를 피게 되는 걸까? 혹시 애들끼리 모여서 술이라도 먹는 걸까? 여러 기대에 가슴이 뛴다. 오랫동안 조작하지 않은 휴대폰 화면이 꺼진다. 검은 액정 위에 내 얼굴이 흐릿하게 비친다. 이렇게 웃는 내 얼굴을 마지막으로 본 게 언제였을까? 답게 살아, 답게. 아빠의 목소리가 들리지만 이번에는 아랑곳하지 않는다. 나는 이제 어엿한 학생이다.

꺼져. 아빠가 조용히 말한다. 나는 어안이 벙벙한 채로 서 있다. 꺼지라고! 아빠는 크게 소리를 지른다. 나는 아무 말도 못한 채 방 밖으로 쫓겨난다. 얼마 되지 않아서 아빠는 가방을 들고 집 밖으로 나간다. 아빠에게 꾸지람을 들은 적은 있지만, 직접적으로 이렇게 욕을 먹기는 처음이다. 내가 무엇을 잘못한 걸까. 곰곰이 떠올려본다. 무슨 일이 있었지?

아빠는 저녁을 먹으면서 말했다.

"먹으면서 들어라. 글쎄, 출판사가 나한테 자서전을 하나 써보는 게 어떻겠냐고 물어보더라. 당연히 나는 거절했지. 내가 쓴 남의 자서전이 몇 개 인데 또 자서전을 쓰겠냐고. 그런데 편집장이 내 다리를 붙잡고 간청하더라고. 이번 한번만 써주십시오."

나는 아빠에게 시선을 두지 않고 젓가락을 뻗어 김치를 집었다. 입에 넣자 시큼한 향이 퍼졌고 나도 모르게 미간이 찌푸려졌다. 아빠는 잠시 말을 멈췄다가 쏘아붙인다.

"가장이 말하는데 밥을 먹어? 언제까지 그렇게 똥오줌 못 가릴래?"

나는 수저를 내려놓고 아빠를 바라본다. 먹으면서 들으라더니, 역시 아빠의 말은 도저히 믿을 수 없다. 내가 아빠에게서 시선을 돌리지 않자 아빠는 금방 다시 기분이 좋아져 아까 하던 말을 이어 한다.

"어쩔 수 없이 승낙했다. 나 어려울 때 일거리도 그렇게 많이 줬는데 사람 정이 있지, 어떻게 거절 할 수 있겠어. 이제 자서전은 그만 쓰려고 했는데, 마지막으로 딱! 한 번만 써주겠다고 했다."

나는 아무런 반응도 할 수 없었다. 좋은 일인 것 같기는 했지만 그게 얼마나 좋은 일인지 알지 못했고, 사실 내 입장에서는 별로 좋을 것도 없었으니까. 한동안 침묵이 이어지자 아빠는 먼저 수저를 들고 식사를 재개했다. 나는 천천히 밥알을 씹으며 아빠의 눈치를 봤다. 원래도 처지긴 했지만 평소보다 더 눈썹이 처진 것 같았다.

나는 과일을 깎아 아빠의 방으로 가져갔다. 아무래도 서운함이 잔뜩 묻어나오던 아빠의 얼굴이 마음에 걸렸다. 아까 제대로 축하하지 못해서 미안해. 아빠 책 생긴 거 축하해. 이렇게 말할 계획이었다. 그러나 내가 방문을 열었을 때 아빠는 갑자기 불 같이 화를 냈다. 안 꺼져? 꺼지라고! 그렇게 말한 후에 황급히 책상 위에 놓인 책들을 덮어 구석으로 치웠다. 〈수영하는 삶〉, 〈나다운 나〉. 그 책들은 그동안 아빠가 대필했던 자서전이었다.

나는 조심스럽게 안방의 문을 연다. 책상 위는 깔끔하게 치워져 있다. 책장으로 다가간다. 군데군데 몇 권의 책이 빠져 있다. 빠진 책들은 모두 자서전이다. 방 정리를 하는 사람이 나여서 알 수 있었다. 아마 아까 나가면서 챙겨나간 것 같다. 너무 이상했다. 아빠는 분명히 자신의 이름을 걸고 자서전을 쓴다고 말했는데. 자서전을 쓰는데 참고서가 필요한가? 자신의 삶을 쓰는 글에 타인의 삶이 담긴 글이 도움이 될 수 있을까? 원체 이상한 사람이었지만 최근 며칠 동안의 아빠는 도저히 이해가 가지 않았다. 누나 역시 마찬가지였다. 나는 터질 것 같은 머리를 부여잡고 안방을 나선다. 도대체 둘 다 왜그러는 걸까?

집안일을 끝내고 외투를 입는다. 이번에 내가 블로그 개설을 위해 취재하러 갈 곳은 근처 대학로다. 블로그의 컨셉을 지키기 위해서는 연기하는 대상의 생활을 알아야 한다. 대학로소극장에서 연기를 배우고 있는 배우. 그것이 이번에 내가 키울 블로그의 컨셉이다. 모자를 푹 눌러쓰고 움츠린 채로 걷는다. 나는 아직 대학로에 어울리는 사람이 아니기 때문이다. 남들은 모두 떼로 몰려다니며 술을 먹고 연극을 본다. 주말 낮의 대학로에서 혼자 다니는 사람은 아마 나를 포함하더라도 소수일 뿐이다. 내가 학생다운 학생이 되기 전까지는 이렇게 혼자 다니는 것이 부끄러운 것인지 몰랐다. 하지만 이제 진정한 학생이 된 지금, 나는 내 존재를 가리면서 거리를 다녀야 한다. 그나마 내가 이곳에서 혼자 다니는 다른 사람들보다 나은 점이 하나 있다면, 나는 내가 혼자 다니는 것이 부끄러운 것이란 걸 잘 안다는 점이다. 나는 그것에 자부심을 느낀다.

 아직 점심시간이라 그런지 공연 준비 중인 소극장이 보이질 않는다. 그렇게 발길을 옮기다가, 팜플렛을 나눠주며 소리를 지르고 있는 사람을 본다. 이제 곧 시작될 연극을 홍보하는 것처럼 보인다. 어쩌면 참고가 될 수도 있을 것 같다. 나는 조금 더 가까이 다가가 호객 행위를 하는 사람을 본다. 보고, 또 본다. 두 손으로 눈을 비빈 후에 다시 본다. 도저히 믿을 수가 없다. 누나였다. 소극장 앞에서 누나가 팜플렛을 나눠주고 있었다.

 바닥에 굴러다니는 팜플렛을 하나 주워 본다. 형편없이 구겨지고 먼지로 범벅이 되어 있지만 그곳에는 누나의 얼굴이 선명하게 인쇄되어 있다. 'HER'이라는 제목이 누나의 얼굴 위를 덮고 있었다. 누나가 왜? 나는 누나가 연기를 배우고 있다는 것도, 대학로에서 연기를 하고 있다는 사실도 알지 못했다. 내가 알던 누나는 고등학교 삼 년 내내 방에 틀어박혀 공부만 하던 사람이었다. 거짓말을 해도 너무 티가 나서 거짓말을 하지 않던 사람. 물론 일 년 전부터는 다른 사람처럼 행동하긴 했지만, 연기라니. 그것도 배우로써 이미 공연을 하고 있다니. 아빠가 알면 난리가 날 게 분명했다. 여자가 무슨 연기야. 공부나 할 것이지. 좋은 대학 보내줬더니 연기나 배워? 임용고시나 준비해. 아빠는 평소에 하던 기계적인 잔소리가 아니라 정말로 누나를 야단칠 것이다. 걱정스럽다. 단순히 아빠 때문만은 아니다. 과연 누나가 연기를 제대로 할 수 있을까? 연기란 틀에 얽매이는 것이다. 자신이 연기하는 배역의 상황에, 나이에, 성별에, 직업에. 그 배역의 모든 것에 얽매여야 한다. 무엇 답다는 것을 가장 잘 알아야만 할 수 있는 일이다. 어쩌면 누나가 가장 싫어하는 여자다움을 가진 배역일 수도 있다. 어쩌면 누나가 경멸하는 아빠다움을 가진 배역일 수도 있다. 그럼에도 누나는 연기를 잘 해낼 수 있을까?

이런 저런 고민 끝에 정신을 차렸을 때에는 한 장에 구천 원인 티켓이 내 손에 쥐어져 있었다. 내 자리는 왼쪽 가장 구석, 가장 뒷자리였다. 자리는 널널했지만 혹시라도 누나가 나를 볼 수도 있다는 생각에 그 자리를 선택했다. 지정된 좌석에 앉는 그 순간까지도 나는 도망치고 싶은 마음을 억눌렀다. 사람들이 조금씩 빈 자리를 채우기 시작한다. 잠시 후 검은 무대 위에 조명이 켜지고 연극이 시작된다.

"어떡하지?"

누나는 쓰러져 있는 건장한 남성을 보고 중얼거린다. 누나의 몸에 피가 묻어져 있는 걸로 봐서, 바닥에 쓰러져 있는 남자는 누나가 죽인 것 같다. 누나는 뭔가 골똘히 생각하더니 현장에서 도망친다. 그렇게 무대가 어두워진다. 다시 무대가 밝아지자 범죄 현장은 이미 경찰이 수사 중이다. 테이프로 현장을 보존하고, 많은 경찰들이 와 조사를 하고 있다.

"용의자는 이 둘로 좁혀졌어."

연약해 보이는 누나와 건장한 남자인 하은류. 이 둘이 이번 사건의 용의자다. 형사는 이 둘을 따로 불러 조사를 시작한다. 누나는 조사를 받는 동안 피라는 단어가 나올 때 마다 눈물을 흘리기 시작한다. 그게 너무나도 무섭다며 말이다. 무거운 것을 못 드는 척 하고, 다리를 오므리고 잔뜩 웅크린 채로 조신하게 앉아있다.

그에 반해 하은류는 어떤가. 피는커녕 살인이라는 말에도 눈 하나 꿈쩍하지 않는다. 벽돌 같은 흉기가 될 만한 물건들도 거리낌 없이 들었다 놨다한다. 어깨를 쫙 피고 정면을 응시하는 모습에서 그가 과연 용의자라는 신분이 맞는지 의심조차 가게 만든다.

"형사님 뭔가를 발견했습니다!"

한 경관이 형사의 앞으로 찾아온다. 형사는 취조를 멈추고 즉시 현장으로 이동한다. 무대가 어두워진다. 다시 무대가 밝아진다. 밝아진 무대의 바닥에는 대문짝만한 크기로 HER이라는 글자가 붉게 써져있다. 시작과 동시에 관객에게 범인을 공개했다는 점을 미루어 범인의 수작이라기보다는 피해자의 다잉메세지인 것 같다. 형사는 눈을 크게 뜨더니 큰 목소리로 외친다.

"범인은 하은류야!"

형사의 추리는 이랬다. HER은 하은류의 이니셜과 같다는 추리였다. 일반인도 할 수 있을 만한 추리. 아직 하은류가 범인이라는 명백한 물증도 나오지 않았다. 그러나 하은류는 바로 구속당했다. 사실 형사의 추리에는 한 가지 착각이자 전제가 깔려있다. 바로 연약한 누나가 건장한 남성인 피해자를 죽이지 못했을 것이라는 편견. 연극 초반에 관객들도 가지고 있는 편견이었다. 어떻게 저런 연약한 여자가 저런 근육질의 남자를 죽일 수 있단 말이야? 다시금 무대가 어두워진다. 아직 무대가 밝아지기도 전에 남자의 신음소리가 들린다. 무대가 밝아졌을 때 이미 남자는 피투성이가 되어 있었다. 무대 위에서는 성인 여성이 성인 남성을 잔인하게 구타하는 장면이 적나라하게 펼쳐진다. 속이 메스껍기까지 하다. 누나는 한참 후에야 발길질을 멈춘다. 그리고 관객들을 향해 웃는다. 그렇게 연극이 끝난다.


"언제나 너에게 바라는 건 하나야. 답게 살아, 답게."

아빠는 말을 끝마치고 수저를 든다. 아빠의 메인 메뉴가 어느새 끝났다. 나는 아빠의 마지막 말밖에 듣지 못했다. 머릿속은 온통 누나 생각이었다. 내 생각과 달리 저녁상에는 누나가 없다. 아마 연극이 끝나고 뒤풀이를 하고 올 것이다. 무대 위 누나는 분명 배우였다. 누나는 누나답지도, 여자답지도 않았다. 여자다움을 연기하고 있는 누나라니. 평소에는 도저히 상상하지 못할 일이다. 그러나 누나의 연기는 자연스러웠다. 어울렸다. 무대 위에서 관객들을 사로잡았다. 정말로 누나다운 것이 무엇인지 알 수 없게 되어버렸다. 남자답게 살았던 하은류는 왜 그렇게 되었을까. 무엇이 나를 나답게 만드는 거더라. 나는 왜 학생다워야 하고 자식다워야 하는 거지? 엄마답다는 것은 뭐고 나는 왜 억지로 그런 일을 하게 됐지? 머릿속이 복잡했다. 연극을 본 후에 나는 곧바로 블로그를 폐쇄했다. 학생인 척하는 것이 두렵게 느껴졌으니까. 답다는 말이 얼마나 무의미한지 알았고 내가 나를 망쳐버렸다는 걸 알아버렸으니까. 나는 앞으로 어떻게 살아야 할까? 나다움을 어떻게 유지할 수 있을까. 나는 앞에 있는 아빠를 바라본다. 부모다움을 추구하고 작가다움을 추구하는 사람. 내 질문에 답해줄 사람이 눈 앞에 있다.

"아빠 책 나왔어?"

"어. 원고 넘겼다."

"좀 보여줘."

"입 다물고 밥이나 먹어라."

아빠의 입은 아빠의 눈썹처럼 축 처진다. 그렇게 자랑하던 책을 왜 보여주지 않는 걸까. 왜 나에게 작가다움을, 부모다움을 숨기는 걸까. 밥을 먹는 아빠의 모습에서는 부모다움도, 작가다움도 느껴지지 않는다. 나는 아빠에게 묻는 것을 포기하고 밥을 먹는다.

서점의 컴퓨터 검색창에 아빠의 이름 석 자를 쓴다. 마우스로 검색 버튼을 누른다. 하나의 책이 뜬다. 나는 아빠의 책이 있는 장소로 간다. 책장에는 아빠의 자서전이 꽂혀있다. 아빠가 나와 누나에게 절대로 보여주지 않던 아빠만의 책이. 나에게 절대로 보여주지 않았던 책이. 나는 아빠의 책 제목을 살펴본다. 〈자식을 키우는 완벽한 방법〉. 책을 펼친다.

나는 도저히 아이들을 엄하게 키우는 부모들이 이해가 가지 않았다. 이렇게 말하면 부모로

써 부끄러운 걸지도 모르겠지만, 그냥 아이들에게 신경을 쓰지 않았다. 비록 아내는 우리 가족을 두고 하늘로 떠났지만 아내의 올곧은 가르침은 아이들에게 남아있음을 확신했기 때문이었다. 아이들은 분명 올곧게 자랄 것이라는 믿음이 있었다. 나는 요새 아이들을 키우는 부모들에게 말해주고 싶다. 한참 그럴 나이에요. 우리들은 안 그랬던가. 이제 열여덟, 열아홉이 된 아이들은 예민하다. 작은 일에도 짜증을 부리고 부모에게 화를 낸다. 우리도 그랬다. 이제 스무 살이 된 아이들은 너무나도 자유분방하다. 새벽까지 술을 마시고 들어오거나 아예 집에 안 들어오는 경우도 있다. 우리 역시 그랬다. 나는 내 아들과 딸이 무슨 짓을 하든 혼내지 않았다. 오히려 혼내면 더 나빠질 것을 알았기 때문이었다. 바로 내가 그랬기 때문이었다.

나는 누군가가 내게 남자다움을, 부모다움을, 가장다움을, 작가다움을 요구하는 것을 가장 싫어한다. 아마 세상 살아가는 모두가 무엇인가에 얽매이는 것을 싫어할 것이다. 직업, 성별에 따른 편견은 우리 스스로 만들어낸 것이 아니다. 그런데도 사람들은 자꾸만 그 편견에 자신을 끼워 맞추려고 한다. 나는 남자아이였지만 발레가 배우고 싶었다. 남자아이가 뭔 발레야. 권투나 배울 것이지. 아버지는 절대로 내가 발레를 배우는 것을 허락해주지 않았다. 하지만 난 결코 포기하지 않았다. 나는 학교 방과 후 강당에 혼자 남아 발레를 연습했다. 몸이 별로 유연하지 않았기에 발레를 배우고 있는 다른 여자아이들 보다 훨씬 더 노력했다. 나는 대회에 나가 좋은 성적을 거두었다. 내가 발레를 하는 모습을 보고 드디어 아버지도 마음을 여셨다. 나는 발레를 열심히 배울 수는 있었지만, 사회의 시선과 혐오 때문에 발레 선수가 되진 못했지만 말이다. 나는 이 책을 읽는 독자들에게 꼭 말해주고 싶다. 우리가 어렸을 적에는 세상에 남아있는 편견들을 깨지 못했을 수도 있다. 하지만 이제는 그 편견들을 몰아내야 한다. 없어져야 할 전통들. 가부장제, 성별에 따른 차별과 역차별. 그것들이 우리의 소중한 자식들의 미래마저 위협해서는 안 된다. 나와 내 아내는 이 편견들 때문에 인생을 망쳤다. 원래라면 예술을 했어야 할 나는 가장이라는 이름 아래에 일을 했고, 원래라면 일을 했어야 할 아내는 여자라는 이름 아래에 살림과 예술만을 강요했으니 말이다. 자신과 맞지 않는 일을 하는 인간에게 남은 것은 파멸뿐이다. 단지 육체적인 파멸과 정신적인 파멸의 차이만 있을 뿐이다.

　나는 책을 덮는다. 그리고 아버지의 책이 꽂혀있던 칸을 바라본다. 서점 가장 안쪽에 책장이었고 까치발을 들어야만 간신히 닿는 높이였다. 비어 있는 칸 양 옆으로는 가면의 고백, KIM, 나귀가죽, 1984, 벤야멘타 하인학교가 꽂혀 있다. 누군가가 잘못 꽂아 둔 게 아닐까. 나는 잠시 망설이다 아버지의 책을 비어 있는 칸에 책을 꽂는다. 원래 그곳에 있던 책처럼, 아버지의 책은 그 공간에 꼭 들어맞다. 아빠의 책은 어째서 서점 입구 에세이 코너에 꽂힐 수 없었을까. 왜 하필이면 소설 코너에 딱 맞았을까. 그것은 아빠가 작가다웠기 때문이다. 아빠가 자서전다운 자서전을 썼기 때문이다. 완벽한 자서전을 연기하는 자서전은, 소설에 가까웠다.

## 미생의 분노

최 건
(대구고등학교 2학년)

몹시 추운 겨울의 강변. 내뱉는 숨마저 얼어붙는 극한의 추위 속에서 예술이라는 가치의 구현을 위해 효진은 추위를 무릎 쓰고 강가에 나왔다. 고독한 사진가. 입에 담기만 해도 오글거리는 수식어를 위해 효진은 전망대 위에서 얼어붙은 강가를 향해 셔터를 눌렀다. 어슴푸레한 새벽의 푸른빛과 맑은 빛깔의 얼음이 언 강가는 놀라운 시너지 효과를 내 주었다.

효진은 자연이 만들어낸 아름다운 풍경에 심취해 쉬지 않고 셔터를 눌렀다.

"이야, 역시 나는 보는 눈이 있나봐. 이런 멋진 장면을 포착하다니. 이 얼음 좀 봐. 아주 보석이네. 보석. 퓰리쳐상은 따 놓은 당상이겠는 걸?"

얼마나 시간이 지났을까? 무아지경으로 셔터를 누르던 효진은 강가의 가장자리에 가장 물살이 센 구간에 무언가 알 수 없는 물체가 있음을 발견했다. 효진은 카메라 렌즈의 줌을 당겨 물체의 정체를 확인하고는 악! 하고 비명을 질렀다.

"이게 뭐야? 이거 사람이잖아?"

효진은 순간 멍 해졌다. 사람의 시체를 발견한 무서움 때문도 있었지만 갑작스럽게 머릿속으로 들어온 충격이 효진의 몸과 마음을 얼어붙게 만들었다.

잠시 후, 이성을 되찾은 효진은 119 구조대와 경찰서에 동시에 연락을 취했다. 구조대와 경찰서에 전화를 걸고 15분 쯤 후에 효진이 있는 곳에 도착했다. 먼저 도착한 형사가 효진에게 말했다.
"세종경찰서 박동훈 형사입니다. 수사상 필요한 질문 몇 가지 드려도 되겠습니까?"
"네"
형사는 효진에게 질문을 하기 시작했다.
"시신을 발견한 시각은 언제쯤 입니까?"
"네. 새벽 다섯 시에 하천에 사진을 찍으러 나왔다가 물살이 센 가장자리 쪽에 떠 있는 시신을 발견했습니다."
"발견 당시에 효진씨 이외에 또 이 일을 함께 목격한 사람이 있습니까?"
"네. 주변에 조깅을 하는 아주머니들을 봤는데 시신을 발견했는지는 잘 모르겠습니다."
효진은 말을 하는 도중 무의식적으로 시신이 놓은 쪽을 바라봤다. 자신도 자신이 왜 그랬는지 알 수가 없었다. 뭔가에 홀린 사람처럼 시신을 바라보던 효진은 시신의 위에서 시신과 똑같은 외모의 여성이 피눈물을 흘리고 있는 것을 발견했다. 효진은 순간 숨이 막혔.
질문이 끝나고 무언가를 메모하는 듯 열심히 수첩을 넘기던 형사가 효진에게 말했다.
"네. 또 궁금한 점이 있으면 연락드리겠습니다."
"저, 저기…… 여성분이! 여성분이 계세요!"
발작이라도 하는 것처럼 효진은 형사에게 여성의 존재를 알렸다. 그리고 형사가 자신을 이 거대한 공포로부터 구원해 주기를 간절히 바랐다.
"저기, 어디 불편한 점이라도 있으십니까? 안색이 많이 안 좋아 보이시는데."
한참을 두려움에 떨던 효진은 정신을 수습하고 형사에게 말했다.
"아, 아닙니다. 괜찮아요. 그냥 헛것을 좀 보는 바람에."

명백히 본 것을 헛것으로 치부하고 효진은 마음속의 공포에서 도망쳤다.
형사가 말했다.
"그렇다니 다행이군요. 수사에 협조해 주셔서 감사합니다."
말을 마친 형사는 다른 수사반원들과 함께 경찰차를 타고 자리를 떠났다. 뒤이어 도착한 119 구조대가 시신을 들것에 옮기고 신원을 확인할 물품을 찾았다. 그런데, 신원을 확인할 물품은 아무데도 없었고 짙은 화장으로 보아 20대 중후반에서 30대 초반정도로 추정된다는 대화만 오고갔다. 한참 이야기를 하던 구조대원은 경찰서로 전화를 걸었다. 십분 동안 주머니 이곳저곳을 뒤진 끝에 나온 카드의 신원 조회를 하기 위해서였다,
"네 세종 소방서 조동찬 대원입니다. 미호천에서 발견된 시신 말인데, 카드 신원조회 좀 부탁드리겠습니다."
잠시 후, 전화를 끊은 구급대원이 효진에게 다가와 질문을 했다. 질문의 내용은 조금 전 형사가 질문했던 것과 별반 다르지 않았다. 다행히 이번에는 그 수상한 형체가 보이지 않았다. 효진은 그렇게 의도치 않은 큰일을 치르고 카메라 장비를 챙겨 도망치듯 집으로 돌아왔다.


아직 해도 뜨지 않은 어슴푸레한 새벽. 밤샘 근무로 밤을 하얗게 밝힌 동훈은 시끄럽게 울리는 전화벨 소리에 엎드렸던 책상에서 몸을 일으켜 전화를 받았다.
"네. 세종경찰서입니다."
"여기 미호천인데 하류 쪽에 시체가 떠 있어요."
"네. 알겠습니다. 곧 가겠습니다."
"나 참, 또 거기야? 자살 사건만 벌써 몇 번짼데 보나마나 이번에도 자살이겠지 뭐. 재미없

게."

　형사과 발령 3개월 차. 신입형사 동훈은 자기가 꿈꾸던 것과는 판이하게 다른 형사과의 현실에 회의를 느꼈다.
　멋지게 경찰복을 차려입고 허리에는 권총을 찬 채 경찰수첩을 들고 범인을 잡으러 다니는 카리스마 형사반장. 그리고 그를 따르는 일취월장반원들. 형사드라마를 보고 누구나 떠올렸을 영웅적 이미지에 이끌려 동훈은 경찰이 되었다.
　일곱 살 때 케이블 방송에서 하는 형사 드라마를 본 이후 동훈의 꿈은 줄곧 경찰이었다. 경찰이 되고 싶어 죽도록 공부해 경찰대학에 진학했고 경찰간부 임용 후 의경소대장으로 병역을 마친 후 2년간의 순환보직 기간을 엘리트 코스라는 101경비단 경무과장으로 보냈다. 그리고 마침내 동훈은 꿈에 그리던 경찰서 형사과에 입성했다.
　드라마 같은 생활을 꿈꾸며 형사과에 들어왔지만, 현실은 전혀 달랐다. 살인이나 이슈가 될 만한 사건이 터질 경우 신입들은 발도 들여 보지 못하는 광역단위 수사대에서 사건 관리가 들어갔고 동훈과 일선 경찰서 선에서 맡아 처리할 수 있는 사건은 기껏해야 자살이나 실종정도였다. 그것도 의혹이 가득한 흥미진진한 경우는 거의 없었다.
　하는 것도 없으면서 삑 하면 밤샘근무에 삑 하면 출동에 심지어 장난전화까지, 동훈은 쳇바퀴 돌 듯 반복되는 경찰서의 일상에 지루함을 느끼고 있었다.
　"휴, 그래도 가긴 가야겠지? 짜증나. 정말."
　동훈은 짜증을 내며 옷을 걸치고 출동준비를 했다. 경찰차에 올라 동료 형사가 운전대를 잡자 조금의 긴장감이 돌았다. 동훈의 옆 조수석에 자리를 잡은 동기 형사가 동훈에게 말했다.
　"야. 근데 미호천은 뭐 귀신의 집이라도 돼? 거기서 죽는 사람이 왜 이렇게 많아? 그것도 하필 이번에 시신 떠오른 그 장소에서."
 사실, 그 부분이 궁금한 건 동훈 역시도 마찬가지였다. 왜 하필이면 미호천에서 왜 하필이면 이번에 시신이 떠오른 그 지점에서 한 해에 몇 명씩 꾸준히 사망자가 발생하는지 동훈은 의문이 들었다. 정말 귀신이라도 있는 것일까?
 차를 타고 십여 분 쯤 달리자 시신을 검문하기 위해 온 감식반원들과 목격자로 보이는 여자가 서 있었다. 동훈은 감식반원과 인사를 나눈 후, 목격자로 보이는 여자에게 다가갔다.
 "안녕하십니까? 세종 경찰서 형사과 박동훈 형사입니다. 수사에 협조 부탁드립니다."
 형식적인 말을 끝낸 후 동훈은 질문을 했다. 질문이 거의 끝나 갈 무렵, 동훈은 목격자가 극도로 불안한 기색을 보이는 것을 알아챘다. 동공이 끊임없이 요동쳤고 호흡은 불안정했으며 무서운 것을 본 듯, 온몸을 떨었다. 그것은 마치 발작을 하는 것 같았다.
 "어디 불편한 곳이라도 없으십니까?"
동훈은 웃음을 띠고 목격자를 바라보며 목격자를 안심시켰다.
 목격자가 말했다.
 "아, 아닙니다. 괜찮아요. 그냥 헛것을 좀 보는 바람에."
 목격자가 그런 행동을 보인 이유는 무엇이었을까? 과연 그것이 이번 사건과 어떤 관련이 있는 것일까?


 얼어붙은 강변에 물살이 센 가장자리. 너무나 물살이 세서 미처 얼지도 못한 그곳에 싹조차 틔우지 못한 씨앗을 품은 세림의 시신이 떠 있었다. 점점 옅어지는 희미한 의식에 붙들려 마지막 시간을 보내며 세림은 아무도 자신을 발견하지 못했으면 하는 마음과 제발 누군가 발견해줬으면 하는 마음. 전혀 상반된 두 마음 사이에서 갈등하다가 눈을 감았다.

세림의 시신을 품은 강가는 차가운 바람을 맞으며 시간을 보냈고 밤이 가고 아침이 왔다. 세림의 상반된 바람 중 하나가 실현되었을 때, 세림은 영적 존재로서 또 하나의 인생을 시작했다. 영적 존재로서 되살아나 바라보는 세상은 죽기 전 만18년 간 살아왔던 세상과 전혀 다르지 않았다. 아침에 들리는 새소리는 여전히 활기찼고 하루 일을 시작하는 사람들은 여전히 정신이 없고 소란스러웠다. 자신의 부재를 의식하지 못한 채 잘만 돌아가는 야속한 세상 속에서 그나마 세림에게 위안을 주는 것은 아무도 자신을 보지 못한다는 사실이었다. 아무도 자신을 의식하지 못한다는 것. 경우에 따라 외롭고 고독하게도 느껴질 수 있는 그 사실이 세림에게는 무척 반가웠다. 어린 시절 보았던 심령다큐에서 진행자가 했던 "귀신은 죽고 나서 더욱 감성적이 되고 죽은 후에 쓸쓸함에서 나름의 위안과 만족을 느낀다."라는 말을 세삼 실감했다. 지금 이 세상에 있는 모두가 자신을 보지 못한다는 그 사실이 한 많은 죽음을 맞은 세림에게는 큰 위안이었고 아무도 자신을 보지 못하기에 감정에 솔직해지며 세림은 더욱 감성적으로 변했다. 세림은 차가운 강가에 놓인 자신의 시신을 내려다보며 하염없이 눈물을 흘렸다.

밤이 가고 아침이 오자 세림의 시신은 물 위로 건져져 경찰들과 사람들로 둘러싸였다. 어젯밤 세림의 시신을 발견한 사진작가가 경찰에 신고를 한 모양이었다. 세림은 자신의 시신이 사람들에게 둘러싸인 이후에도 여전히 자신의 시신을 내려다보며 눈물을 흘리고 있었다. 눈물은 어느덧 피눈물이 되고 신체적 고통을 동반하며 슬픔과 원통함은 더욱 커져갔다. 자신을 이렇게 만든 이들의 증오심으로 세림의 차갑던 마음이 뜨거워졌다.

경찰들은 세림의 시신을 둘러싸고 사람들을 제지하며 조사를 진행했다. 목격자의 진술이 이어졌고 수사를 맡은 형사는 그것을 꼼꼼하게 메모했다. 세림은 피눈물이 흘러내린 얼굴을 돌려 형사들 쪽을 쳐다보았다. 자신의 시신을 둘러싼 형사들의 표정을 한 번 보고 싶었다. 자신의 존재를 의식해 주었으면 하는 바람도 있었다.

　세림이 형사들을 쪽을 쳐다보자 질문을 받던 목격자로 보이는 여성이 공포스런 표정을 지었다. 세림은 의아한 기분이 들었다. 여자와 자신의 눈은 분명 마주친 적이 없음에도 여자는 귀신인 자신을 보기라도 한 것처럼 고통스런 표정을 지었다. 대체 어떻게 된 일일까? 자신. 즉, 귀신이라는 존재는 과연 어떤 능력이 있기에 사람들을 이토록 고통스럽게 하는 것일까? 그리고 왜 자신이 사람들을 고통스럽게 해야만 하는 것일까? 세림은 생각하고 또 생각했다. 그리고 결심했다. 영원할 것만 같은 아픔에서 벗어나기 위해 더 이상 자신의 존재로 인해 남을 괴롭게 하지 않기 위해 나를 이렇게 만든 사람들에게 복수해야겠다고.

　시신을 발견하고 일주일 후, 구조대가 경찰에게 의뢰했던 사망자의 신원이 밝혀졌다. 사망자의 이름은 유세림. 세종 생명과학 고등학교에서 의료시스템 공학을 전공하고 있던 고등학교 3학년생이었다. 고등학교 3학년이라는 나이를 들은 경찰들은 의외라는 기색을 보였다. 그것이 의외라고 생각한 것은 동훈도 마찬가지였다. 짙은 화장과 핸드백이 도무지 고등학생으로는 보이지 않았기 때문이다. 애당초 경찰은 시신을 처음 발견했을 때, 사망자의 나이를 20대 중반에서 30대 초반정도로 추정했다. 전혀 의외의 결과였다.

　동훈은 사망자가 자살을 한 자살동기를 추정하기 위해 주변 인물들을 조사했다. 그런데, 그녀와 친하게 지내던 친구들은 물론, 선생님들까지 입을 모아 그럴 만한 이유가 전혀 없는 아이라고 대답했다. 사망자는 학교에서는 항상 전교10등 안에 드는 수재였고 친구 관계도 원만했으며 선생님들에게도 순종적인 태도를 취했던 우등생이었다. 경찰은 학교와 친구 관계에 문제가 없다면 가정생활의 문제로 자살하지 않았을까 하는 생각에 친구들을 통해 가정생활을 조사했으나, 친구들은 늦둥이 외동딸인 그녀를 그녀의 어머니 아버지가 매우 아껴 함께 쇼핑을 다니는 등 애틋하고 단란한 가정이었다고 증언했다.
　증언을 들으면 들을수록, 수사를 진행하면 진행할수록, 사건은 점점 의문투성이였다. 일반적인 흔히 있는 자살사건으로만 생각했던 것이 동훈의 생각과 다르게 스케일이 커져가고 있었다.

　다음날, 수사자료 정리에 골치를 썩던 동훈은 시사프로그램이 유명한 지상파 방송으로부터 취재 요청을 받았다. 보통 수사가 진행 중인 사건에 대한 방송사의 취재요청이나 공조요청은 대부분 거절하지만, 이번 경우는 사건 자체에 의문점이 워낙 많고 방송사가 경찰이 생각하지 못하는 시각을 제시할 수 있어 취재요청을 수락했다. 며칠 후, 동행취재를 담당하는 담당 PD가 동훈을 찾아왔다. 스물다섯 정도의 깡마른 체형에 뽀얀 피부를 가진 남자 PD는 취재 초기부터 동훈에게 친근감을 나타냈다. 동훈도 PD가 자신에게 친근감을 나타내는 것이 싫지 않았다.

　"안녕하십니까, 형사님. 처음 뵙겠습니다. 시사프로그램 〈의혹 쪼개기〉에 취재담당 PD인 이범석입니다."
　"반갑습니다. 세종경찰서 형사과 박동훈 형삽니다. 잘 부탁드립니다."
　형식적인 인사를 주고받은 두 사람은 바로 본론으로 들어갔다.
　"예. 저희가 취재 허락을 받은 이후 나름대로 이 사건에 대해 조사를 해봤는데, 사망자는 마이스터 고등학교 재학생이더군요."

"네. 맞습니다. 그 부분에 무슨 문제라도 있습니까?"

동훈의 말을 듣고 잠시 말을 멈춘 범석은 이내 말을 이었다.

"네. 사망자는 마이스터 고등학교 3학년생으로 사망 당시 직장에서 현장실습 중이었습니다. 아셨나요?"

동훈은 당황했다. 학교를 조사했지만 교사들에게서 직장으로의 현장실습에 대해선 듣지 못했다.

"아뇨. 모르고 있었습니다. 그런데, 그게 무슨 문제라도 있습니까?"

"네. 혹시, 자살 원인 중에 직장 내 갈등이나 폭력은 생각해 보셨는지요? 저희가 특성화고 및 마이스터 고등학교 학생들을 대상으로 조사를 진행한 결과 현장실습생의 처우가 매우 열악한 것으로 나타났습니다. 혹시, 이 부분이 자살의 이유 중 주요원인이 되지 않았나 싶습니다.

동훈은 범석의 말에 감탄했다. 경찰서 상층부의 말대로 PD는 수사의 전혀 새로운 방향을 제시해 주었다.

동훈은 범석의 제안대로 사망자가 현장실습을 나갔던 회사와 학교의 취업담당 교사를 대상으로 탐문수사를 진행했다. 그녀의 직장 사람들과 교사들을 포함해 그녀의 실습과 관련된 사람들 대부분을 조사한 결과 역시 그럴 이유가 전혀 없다는 대답이 나왔다. 회사 내에서 특별히 문제가 된 적도 없고 만약, 고민이 있다면 회사 내 상담사를 통해 상담을 받을 수 있을 텐데 왜 그런 선택을 했는지 의문이라고 그녀의 직장상사는 증언했다. 들으면 들을수록 수수께끼였다.

이 같은 상황을 범석에게 얘기하자 범석은 말했다.

"그녀와 같은 입장에 있는 실습생들의 이야기를 좀 더 들어보는 게 좋을 것 같습니다."

범석은 이번에도 동훈에게 새로운 관점을 제시해 주었다. 동훈은 단순히 그녀의 주변이나 마음에서만 원인을 찾았고 사회적 시스템이나 부조리가 원인으로 작용했을 가능성은 생각하지 않았다. 이로써 수사는 또 한 번의 전환점을 맞게 되었다.


　세림은 차가운 거리를 배회하고 또 배회했다. 울고 또 울었다. 그 울음이 멈출 때 쯤, 피눈물을 흘린 고통이 덜해질 때 쯤, 세림은 복수를 위해 그들의 소굴로 향했다. 자신을 끝없는 절망으로 빠뜨렸던 그곳으로. 천근같은 몸을 움직이며 세림은 다짐했다. 절대로 그들을 용서하지 않겠다고. 내가 흘린 눈물만큼 반드시 그들에게 되돌려 주겠다고.


　동훈은 범석의 제안대로 그녀와 같은 특성화 고등학교 및 마이스터 고등학교 현장실습생들을 대상으로 조사를 진행했다. 근무환경이나 사내 부조리 그리고 학교 선생님들의 압력 등에 관한 것을 학생들로부터 제보를 받았다. 제보를 받을 때는 방송사 공식 SNS와 제보 전화를 모두 활용해 최대한 많은 사람들의 제보를 받을 수 있도록 했고 경찰서 차원의 제보도 받았다. 그렇게 하여 삼백 명이 넘는 학생들로부터 수많은 사례를 수집한 결과는 실로 충격적이었다.
　직장 내 성희롱 및 구타는 다반사이고 실적 압박으로 실습을 나온 학생들에게 규정에도 나와 있지 않은 야근을 강요한다는 이야기, 선생님들이 실습생들의 실습을 취업률에 편입하기 위해 전공과 무관한 업체에 까지 실습을 보낸다는 이야기는 정말 충격적이었다. 특히 이번에 자살을 한 사망자가 근무하는 콜 센터 헤지방어팀이 사망자의 재학 당시 전공과 무관하여 마구잡이 취업에 관한 사례는 더욱 와 닿았다.

　조사 자료를 정리하던 동훈은 생각했다. 아직 어리고 세상 물정을 모른다는 이유로, 여린 마음에 가해지는 무자비한 폭력을 권력이라는 이름으로 정당화되는 극악무도한 범죄를 한 사람을 죽음으로 내모는 그들의 너무도 추악하고 무서운 잔인함을.

　동훈은 다짐했다. 어린 나이에 꿈이라는 이름과 멀어진 채 냉정하고 팍팍한 세상의 더러운 오물을 여린 살결과 마음에 뒤집어 써야 했던 수많은 미생들의 아픔을. 수많은 젊은이들의 절망적인 아우성을. 거울을 보며 동훈은 자신에게 약속했다. 이번 사건을 반드시 해결해서 각종 부조리와 불합리로 물든 이 사회를 조금이나마 자신의 손으로 바꾸어 보겠다고.


　세림이 불빛이 환하게 켜진 5층짜리 콘크리트 건물에 도착했을 때, 그들은 모두 자신의 자리에서 컴퓨터 모니터에 얼굴을 묻은 채 묵묵히 일을 하고 있었다. 마치 처음부터 세림의 존재가 없었던 것처럼 모든 것은 너무나도 자연스럽고 평범했다. 아무 일도 일어나지 않은 듯. 건물은 고요했고 콘크리트 건물의 차가운 공기만이 세림의 몸에 시리게 와 닿았다. 더운 것 추운 것을 느끼지 못하는 귀신의 몸으로도 이 건물에 감도는 무거운 침묵과 무관심이 자아내는 차가운 분위기는 생생히 느껴졌다. 세림은 분노했다. 자신을 이렇게 만든 세상에 분노했고 사람들에게 분노했다. 그리고 자신의 부재에도 자연스레 돌아가는 세상에 다시 한 번 분노했다. 이 모든 분노를 가슴속에 담고 세림은 그들에게로 향했다.

　세림의 첫 번째 타깃은 자신이 근무했던 헤지 방어팀의 팀장이었다. 자신이 처음 실습 오던 날 따뜻하게 자신을 맞아주던 모습과, 자신의 업무 실수에 견딜 수 없을 만큼 참혹한 욕설을 퍼붓던 서로 다른 두 얼굴을 세림은 똑똑히 기억했다.

3학년이 되어 처음 실습을 하러 오던 날을 세림은 떠올렸다. 그땐 정말 모든 게 좋았다. 제일 친한 친구들과 같은 곳으로 배정받아 마치 대학생이 첫 mt를 가듯, 설레고 들뜬 기분으로 세림은 회사로 향했다.

처음 회사 건물로 들어서자 안내를 맡은 안내원이 환하게 웃으며 세림을 강당으로 안내했다.

그 안내원을 따라간 곳에 바로 해지방어팀 팀장인 강경호가 있었다. 훤칠한 키에 준수한 외모를 갖춘 스물일곱의 젊은 팀장. 열아홉 세림의 작은 가슴은 뜨겁게 요동치기 시작했고 일을 열심히 하겠다는 열의에 불탔다.

얼마 후, 강경호가 속한 해지 방어팀에 배정된 세림은 기쁜 마음으로 일을 시작했다.

강경호는 처음 일을 시작하는 실습생들에게 매우 호의적이었고 잘생긴 외모 덕에 인기도 많았다. 실습생들은 그런 강경호의 밑에서 일하는 세림을 항상 부러워했다.

"야. 세림이 넌 좋겠다. 강팀장님이랑 일해서 나도 강팀장님이랑 일해 보고 싶다. 그럼 일도 더 열심히 할 텐데."

하지만, 좋은 것도 잠시, 강경호 팀장의 진상이 드러나기 까지는 그리 오랜 시간이 걸리지 않았다. 하루하루 일을 하면 할수록 세림은 강팀장의 진짜모습을 알게 되었다.

세림이 속했던 해지 방어팀은 계약을 해지 하고자 하는 고객의 해지를 저지하고 더불어 회사에서 준비한 신상품의 가입을 유도하는 역할을 했다. 감정소모가 심한 업무로 업무강도로 치면 최고로 높았다. 게다가 일정 수 이상의 콜을 받지 못하면 회사에 남아서 채우지 못한 콜 수만큼 반성문을 써야했다.

세림은 차갑게 얼어붙은 강가에 몸을 던지던 그 날도 콜 수를 채우지 못해 반성문을 쓰고 자정이 넘어 퇴근했다. 마지막까지 세림은 그놈의 콜 수와 강팀장의 마수에서 벗어날 수 없었다.

강팀장의 충격적인 모습은 이 뿐만이 아니었다. 그는 회식자리에서 아직 성인도 되지 않은 여자 실습생들을 성추행 하는 것을 서슴지 않았다.

세림에게 그날의 기억은 인간들이 사는 세계와 거리가 멀어진 지금까지 또렷이 남아있었다.

세림이 회사에 들어온 지, 3개월 째 되던 날. 그날은 신입사원 및 실습생들을 위한 환영회가 있던 날이었다. 그 자리에서 강 팀장은 세림의 옆자리에 앉아 세림에게 자신의 술잔에 술을 채우도록 강요했다. 세림이 싫은 기색을 내비치자 그는 이렇게 말했다.

"사회생활을 하려면 상사 비위 맞출 줄도 알아야 해. 이런 거 몸소 실천하면서 친절하게 알려주는 나 같은 사람 드물어. 고마운 줄 알아."

그는 세림에게 '사회생활'이라는 이름으로 술 따르기를 강요했다. 그러다 조금 싫은 기색이라도 내비치면 구차한 변명과 설교, 어이없는 격언이 이어졌다. 무엇보다 세림을 수치스럽게 한 건 강팀장의 짐승 같은 손이었다. 강팀장은 새림에게 팔짱을 낀 채로 술을 마셨고 그것도 모자라 다른 한 손으로 새림의 허벅지를 더듬거나 가슴 사이를 짚으며 성적 수치심을 주었다. 너무나도 수치스럽고 너무나도 억울하던 그날의 일을 세림은 잊을 수가 없었다.

새림이 자신을 유령이 된 몸으로 바라보고 있는 줄도 모른 채, 세림의 한이 서린 칼날이 자신을 향하는 줄도 모른 채 강팀장은 컴퓨터 모니터에 시선을 고정하고 새로 들어온 신입사원들의 사진을 보는 일에 열중하고 있었다.

"이야, 이 쭉 뻗은 다리 좀 봐. 역시 어린 게 좋긴 좋단 말이야. 요번에 오는 실습생들은 특히 더 예쁜 것 같아. 팀장 된 보람이 있는데?"
 세림은 경호의 등 뒤로 다가가 강경호를 불렀다.
"강팀장님."
 경호는 놀란 기색 하나 없이 신경질적으로 몸을 돌리며 말했다.
"누구야, 이 시간에. 업무 끝났으면 빨리들 사라질 것이지. 귀찮게……"
"너, 너는?"
 세림을 발견한 경호는 얼굴이 하얗게 질리며 말을 잇지 못했다.
 세림은 입이 찢어질 듯, 웃으며 섬뜩한 목소리로 말했다.
"누구긴요? 저예요. 세림이. 팀장님이 절 얼마나 귀여워 해 주셨는데 인사도 못하고 가는 게 죄송해서 찾아왔죠. 근데, 우리 팀장님 아무리 봐도 너무 잘 생기셨다. 얼굴도 좀 하얘지고 조각상처럼 굳으면 더 잘 생겨지실 것 같은데."
 세림은 경호에게 다가가 경호의 목을 졸랐다. 고통에 점점 일그러지는 경호의 표정을 보며 세림의 입 꼬리는 점점 올라갔다. 그리고 경호의 숨이 눈이 감기는 순간, 세림은 언제 그랬냐는 듯이 차가운 표정으로 변했다. 세림은 경호의 시신을 계단 아래로 밀어버리고 열려있던 사무실의 문을 닫았다. 모든 것이 완벽해지려는 그 때, 사무실의 문을 닫으려는 순간, 야간 청소를 담당한 청소부와 눈이 마주쳤다. 청소부는 겁에 질린 얼굴로 세림에게서 도망쳤다. 자신을 보며 혐오스럽다는 표정을 짓는 청소부를 보며 세림은 쓸쓸함을 느꼈다.
 한창 사건수사에 박차를 가하던 동훈은 범석으로부터 믿기 힘든 소식을 전해 들었다. 자신들이 회사로 수사를 하러 나갔던 그날 강 팀장이 사망한 채 발견 되었다는 것이었다. 그를 발견한 것은 계단을 청소하러 왔던 청소부로 발견 당시 강팀장은 이미 사망한 상태였다고 했다. 계단의 cctv를 조회한 결과 강팀장은 계단에 굴러 떨어져 사망한 것임이 드러났다, 경찰수사 직후 강팀장이 사망한 것이 알려지자 자살이라는 추측과 함께 정황만을 가지고 무리한 수사를 진행했던 경찰과 방송당국에 대한 언론의 비판이 쏟아졌고 수사에 제동이 걸렸다. 동훈은 생각했다. 강팀장은 왜 사망했을까? 혹시, 정말 자살한 것일까, 경찰수사 강도가 강해 자살했다고 하기엔 그날은 단순한 탐문수사만으로 수사가 끝이 났고 아직 회사 측을 세림의 사망에 대한 직간접적 원인으로 지목하지도 않았다. 그리고 또 자살의 이유를 담은 유서나 다잉 메시지가 아무것도 발견되지 않은 점이 의심스러웠다. 그리고 무엇보다 새림이 강에 몸을 던져 자살한 사건과 여러 가지 면에서 일치했다. 유서가 발견되지 않았고 자살을 한 동기가 분명치 않다는 점이 그러했다. 범인은 누구일까? 동훈은 오래도록 생각했지만 결론을 얻을 수 없었다.


첫 번째, 복수가 성공하던 순간, 세림은 피눈물이 번진 눈으로 웃음을 웃었다.
"한 명 성공…… 하하 하 하…… 호홋."
잔인하고 끔찍한 형상을 한 얼굴에 피어오르는 소름 돋는 웃음. 그야말로 공포영화 그 자체였다. 그 웃음은 표독스러우면서도 어딘가 애처롭고 처절해 보였다. 사악함이 묻어있지만 동정하고 싶은 그런 웃음. 세림은 강팀장의 주검을 바라보며 그런 웃음을 웃었다.
첫 번째 복수를 성공시킨 세림은 회사 건물에서 하루를 지새웠다. 그것은 다음 복수를 위한 것이었다.
다음 날 아침이 밝자마자 세림은 3층에 위치한 직원 상담실로 향했다. 직원들의 직장 내 고충을 해결하기 위해 마련된 직장 내 고민상담소는 직원들이 회사에 가진 불만을 상층부에 보고하는 사실상 스파이 상담실로 전락한지 오래였고 대부분의 직원들도 그 사실을 알고 아무도 상담실을 찾지 않는다. 그러나 특성화고 실습생 신분으로 이곳에 와 그런 사실을 알지 못했던 세림은 강팀장의 성추행과 가혹행위 사실을 직원 상담사에게 이야기 했다가 직장 상사는 물론 같은 실습생들에게 까지 모멸을 당해야 했다. 세림은 그 치욕스러웠던 기억을 떠올리며 주먹을 불끈 쥐었고 세림의 눈에서는 눈이 빠지는 것 같은 고통과 함께 다시 피눈물이 흘렀다.

다음날 아침. 세림은 아침이 밝자마자 직원 상담실 안으로 들어가 상담사가 오기를 기다렸다. 20대 중반의 여자 상담사는 화장으로 떡칠을 하고 명품 핸드백을 손에 든 회사 소속 상담사답지 않은 사치스런 모습으로 출근을 했다. 그런 상담사의 모습을 보고 세림은 생각했다.

"저건 분명 상층부와 결탁한 보상일거야. 추악한 것. 더러운 것. 교활한 것."

상담사는 명품백을 책상에 내려놓고 어딘가로 전화를 걸었다. 세림은 상담사에게로 다가가려던 것을 잠시 멈추고 통화 소리에 가만히 귀를 기울였다.

"여보세요? 네. 부장님. 어제는 잘 들어가셨어요? 이기석 학생 일은 너무 신경 쓰지 마세요. 부장님이 야근시킨 건 상부에 잘 얘기해 드릴게요. 하여튼 요즘 젊은 것들은 빠져가지고. 네. 그럼 잘 쉬시고 다음엔 레스토랑에서 봬요. 네.

상담사는 직원의 상담내용을 상사에게 그대로 전달하며 상담사의 기본윤리를 위반하고 있었다. 세림은 분노로 이성을 잃은 채 상담사에게 달려들어 목을 졸랐다.

목이 졸린 상담사는 숨을 몰아쉬며 말했다.

"너, 너는……? 네가 여긴 어떻게, 죽었다고 들었는데?"

세림이 미소를 지으며 말했다.

"무슨 얘기를 하는데 그렇게 신이 날까? 괜찮으면 나도 좀 끼워 주면 안 될까? 난 부장보다 훨씬 더 재밌게 해 줄 수 있는데."

그렇게 말하며 세림은 상담사의 목을 꺾어 부러뜨렸다.
 분노와 고통을 동시에 느끼며 죽어가던 상담사의 눈이 감기려는 순간. 세림은 상담사에게 섬뜩한 미소를 지어보이며 말했다.
 "잘 가…… 당신 덕분에 오늘 정말 즐거웠어, 우리. 또 볼 수 있을까? 그 때 우리 또 재밌게 놀자."
 "이걸로 두 명. 앞으로…… 두 명!"


 평소처럼 늦은 밤까지 밤샘근무를 하고 책상에서 졸고 있던 동훈에게 전화가 걸려왔다. 전화를 건 사람은 범석이었다. 동훈은 졸린 눈을 비비며 전화를 받았다.
 "네. PD님. 이 시간에 어쩐 일이세요?"
 그러자 범석이 말했다.
 "저기 그게……"
 범석은 말끝을 흐렸다. 한참 망설이는 것 같더니 곧 말을 이었다.
 "사망자가 다니던 회사의 직원 상담사가 오늘 아침에 상담실 안에서 사망한 채로 발견됐어요."
 "네? 뭐라고요? 정말요?"
 범석의 얘기에 놀란 동훈이 큰 소리로 다시 물었다.
 "네. 오늘 아침에 상담을 받으려고 상담실에 온 직원이 발견했대요. 책상 밑에 대자로 누워 팔이랑 목이 꺾인 채로 죽어있었다더라고요."
 "네. 알겠습니다. 제가 지금 바로 현장으로 가 보죠."

동훈은 범석과 함께 현장으로 갔다. 현장에는 상담사가 팔이 꺾인 채로 대자로 누워 죽어 있었다. 상담사의 시신을 한참 바라보던 동훈이 범석에게 말했다.

"참 기괴한 자세군요. 또 처참하구요. 일부러 이렇게 하라고 해도 못 할 정도로 기괴한 모양이에요."

범석이 말했다.

"그러게요. 그리고 무엇보다 의문스러운 건 상담사가 출근한 이후 사망해 직원에 의해 발견되기 전까지 누군가가 침입한 흔적이 어디에도 없다는 거예요. 형사드라마에서 흔히 보던 '이른바 밀실 살인이죠."

범석의 말을 듣고 동훈이 말했다.

"'밀실살인'이라는 건 이 죽음이 타살이라고 생각하시는 건가요?"

"네. 타살이 아니라면 이렇게까지 기괴한 자세로 죽었을 리 없잖아요. 근데 대체 누가 이런 짓을……."

범석의 말에 동훈은 고개를 끄덕였다. 그리고 말했다.

"앞에 강팀장 사건도 그렇고 단순 자살이라고 치부하기에는 석연찮은 점이 많아요. 유서도 없고 주변사람들 말로는 자살을 할 만한 동기도 충분하지 않고요. 그렇다면, 타살이라는 건데, 두 사람 다 밀폐된 공간 안에서 살해를 당했고 또 무엇보다 이상한 건 살인을 저지른 범인의 흔적, 하다못해 누군가 침입한 흔적조차 없다는 거예요."

얘기를 한참 듣던 동훈이 말했다.

"그나마 다행인 건 두 사람에게 한 가지 공통점이 있고 그 공통점을 이용하면 용의자의 범위를 확정하는 것 정도는 가능하다는 사실이에요."

동훈의 말을 듣고 범석이 물었다.

"네? 그게 무슨?"
동훈이 설명을 시작했다.
"네. 두 사람의 공통점 중 첫 번째는 이번 유세림양 자살 사건과 관계되어 수사를 받은 적이 있다는 거예요. 그리고 또 두 사람은 상층부의 임원들보다는 비교적 유세림양과 같은 실습생들과 가까운 위치에 있는 사람이었다는 게 두 번째 공통점이고요. 여기까지 들으시면 제가 무슨 말을 하려는지 아시겠죠?"
말을 끝낸 동훈의 몸에 갑자기 식은땀이 흘렀다. 그리고 처음 사건의 신고를 받고 달려간 곳에서 목격자가 보였던 태도가 떠올랐다.. 동훈은 섬뜩함이 들어 뒷걸음질을 쳤다. 그런 동훈의 모습을 보고 범석이 걱정스런 표정으로 말했다.
"저기 형사님. 무슨 일이라도 있으신가요?"
동훈이 말했다.
"아니요. 그냥 좀. 그럼 아까 하던 얘기마저 하시죠."
동훈은 범석을 안심시키고 말을 이었다.
"네. 그렇다면 한 가지 가능성이 생깁니다. 유세림양과 같은 실습생과의 원한관계에 의한 살인이 그것이죠. 두 사람은 실습생들과 거리가 비교적 가까운 사람들로 두 사람이 실습생들에게 미치는 영향도 클 수밖에 없습니다. 그래서 저는 두 사람에게 원한을 품은 실습생이 원한관계에 의한 살인을 했을 가능성을 말씀드리는 겁니다."
동훈의 말에 고개를 끄덕이던 범석이 말했다.
"그럼 저희 제작팀을 통해서 두 사람에 대해 잘 아는 실습생들의 제보를 받아볼게요."
그렇게 말하고 범석은 다음과 같은 문구를 제작팀 SNS에 올렸다.
'최근 5년간 XX카드 콜 센터에 근무 했거나 현재 근무 중인 특성화 고등학교 실습생 중 헤

지방어팀 강경호 팀장과 직원 상담사 유명주 상담사에 대해 잘 아는 실습생의 제보를 기다립니다.'

"이번 주 방송이 끝나면 화면에 띄워서 제보전화도 받을 수 있게 하겠습니다. 그리고 결과가 나오면 바로 알려 드리죠."
"네 알겠습니다. 그리고 전 먼저 가 볼 때가 있어서 이만 실례하겠습니다."
범석과 헤어진 동훈은 자신의 머리에 떠올랐던 정체불명의 모습과 사건과의 관계를 규명하기 위해 차를 타고 그 해답을 줄 곳으로 출발했다.


상담사의 시신이 수습되는 것을 지켜본 후 세림은 학교로 출발했다. 따지고 보면 자기가 이곳에 와서 전공과 상관없는 일을 한 것도 이런 고초를 겪고 결국 극단적 선택을 하게 된 것도 애초에 다 학교 때문이라고 생각했다. 세림은 학교로 이동하며 이 학교에 대한 많은 일들을 떠올렸다.

중학교 3학년 2학기. 질풍노도 사춘기와 함께 하나의 과정이 끝나가던 때에 세림은 이 학교에 지원할 결심을 했다.
"나. 세종생명과학고에 지원할거야."
세림이 지금의 세종생명과학고등학교에 지원하겠다고 했을 때, 모두 세림의 의견을 반대했다. 친구들, 부모님, 선생님 모두 세림의 결정에 우려를 표했다.
"야. 유세림. 너 정말 세종생명과학고 갈 거야? 야. 거기 2년 전까지 특성화였다가 마이스터고등학교로 바뀐 거라 아직 분위기도 안 좋고 무엇보다 거기는 마이스터고라 가면 대학 못 가고 무조건 취업해야 해."

"그래. 야. 아무리 요새 특성화고나 고졸취업에 대한 인식이 달라졌다지만 그래도 아직까지는 대학 나와야 해. 잘 생각해보고 그냥 나랑 같이 인문계 가서 대학 가자. 응? 너 공부도 나보다 훨씬 잘하잖아."

누구보다 세림의 결정에 우려를 표했던 것은 세림의 부모님이었다. 세림의 부모님은 뒤늦게 얻은 늦둥이 딸인 세림이 마이스터고에 가는 것을 원하지 않았다. 세림의 그냥 다른 아이들처럼 평범하게 공부하고 평범하게 놀면서 대학을 다니길 원하고 있었다.

세림은 그런 부모님을 설득하기 위해 노력했다. 세림은 걱정하는 부모님을 안심시키며 이렇게 말했다.

"아빠. 엄마. 나 그냥 고등학교 졸업하고 빨리 취업할래. 일반 특성화고와 달라서 마이스터고 나오면 대기업이나 공기업에 취업도 잘 되고 취업장려금도 엄청 많아. 대학을 정 가고 싶으면 3년 동안 돈 모아서 가면 되잖아. 그리고 서울권 명문대를 나와도 요즘엔 취업하기 어려워. 근데 마이스터고에서 상위권을 하는 애들은 기업이랑 협약 맺어서 취업하고 그래. 그러니까 이때까지 그랬던 것처럼 나 한 번만 믿어줘. 응?"

세림의 간절한 호소에 부모님은 마지못해 허락했다. 애지중지 키운 늦둥이 딸을 원하지 않는 방향으로 흘려보내는 것이 힘들었지만, 의지가 확고한 세림에게 부모님은 모든 것을 믿고 맡겨 주었다.

그렇게 부모님과 친구들의 걱정을 뒤로하고 세종생명과학고등학교에 입학한 세림은 입학식을 마치고 처음 학교에 온 날. 기이한 광경을 목격했다. 실습을 나가있을 2학년 학생들 중 일부가 학교에서 빨간 조끼를 입고 청소를 하고 있었다. 거기에는 학교에서 알선해 준 업체에 취업하는 것을 거부한 졸업생도 일부 끼여 있었다. 그 빨간 조끼가 실습 현장에서 과중한 업무와 직장 내 가혹행위에 못 이기고 학교로 돌아온 아이들에게 징계의 의미로 모멸을 주기 위한 것이라는 것을 세림은 학교에 입학한지 한참 후에 알게 되었다. 하지만, 이미 때는 늦어 버렸다.

그렇게 세림은 빨간 조끼를 입지 않기 위해 이를 악물고 버텼다. 강팀장이 시키는 가혹한 업무는 물론 성추행과 성희롱의 모멸을 오직 빨간 조끼를 입지 않기 위해 참아내고 또 참아 냈다. 힘들어도 안 힘든 척, 아파도 안 아픈 척, 그렇게 1년여를 버티다 더 이상 버틸 수 없을 정도로 몸과 마음이 망가진 그 때 세림은 모든 것을 짊어진 채, 강물에 몸을 던졌다.

이 모든 쓰라린 기억을 되새기며 세림은 다시 피눈물을 머금고 학교로 향했다.

동훈은 오랜 고민 끝에 무당집을 찾아가보기로 결심했다. 수사 첫날 사건현장에서 보았던 목격자의 불안한 태도가 왠지 신경 쓰였기 때문이다. 목격자는 시신을 가리키며 마치 귀신이라도 본 듯, 두려워했다. 그래서 동훈은 그 일과 이번사건과의 연관관계를 좀 더 명확히 해 두고 싶었다.

동훈은 급하게 인터넷을 뒤져 용하다는 무당집을 찾아갔다. 스산한 기운을 휘감은 무당집의 문을 열고 들어가자 존재감 없이 앉아 있던 중년의 여자 무당이 동훈을 맞이했다.

"그래. 무슨 일로 왔지? 보아하니 형사 양반인 것 같은데 살인사건인가?"

"아닙니다. 다른 사건입니다."

동훈은 무당에게 사건의 내용을 이야기 했다.

"그렇군. 내용을 들어보니 확실히 귀신과 연관관계가 있을 법하군. 자네. 두 사건 현장에서 뭔가 느낀 것은 없나?"

"처음 신고를 받고 갔던 사건 현장에서 사건의 목격자가 온몸을 떨면서 사망자의 시신과 똑같이 생긴 여자를 봤다고 말했습니다. 또 사건과 연관된 첫 번째 사망 사건의 목격자도 사건현장에서 같은 모습을 보았다고 했습니다."

"확실한 것 같군. 일단, 사건이 좀 더 진행된 다음 다시 한 번 찾아오게. 자네 말대로라면 살인이 여기서 끝나지 않을 가능성이 높으니까 말이지."

"네. 알겠습니다.

동훈은 뭔가 섬뜩한 기운을 느끼며 무당집을 나와 집으로 돌아왔다.


세림은 회사에서 멀지 않은 학교 건물에 도착했다. 학교에서는 수업을 듣는 아이들의 시끄러움이 가득했다. 각 교실에서는 선생님들이 시끄럽게 떠드는 학생들을 조용히 시키느라 애를 먹고 있었다. 세림은 시끌벅적한 교실을 지나 교무실로 향했다. 모두가 수업으로 바쁜 지금 교무실에는 취업 담당 선생 혼자 앉아서 커피를 마시며 자판을 두드리고 있었다. 세림은 취업담당 선생에게 다가가 다짜고짜 목을 졸랐다. 취업담당 선생은 마시던 커피가 목에 걸렸는지 기침을 하며 괴로워했다. 기침이 멈출 때 쯤 고개를 돌린 선생의 눈이 세림과 마주쳤.

"넌 세…… 세림이? 네가 어떻게 여길? 죽었다고 들었는데?"

세림은 선생을 비웃으며 말했다.

"당신들 반응은 어쩜 그렇게 똑같은지 꼭 데칼코마니를 보는 것 같은데? 정말 재밌어 죽겠어. 먼저 죽인 두 사람도 당신과 똑같은 얼굴이었거든. 어쩜 이렇게 똑같은지."

세림은 그렇게 말하고 선생의 목을 졸랐다. 선생은 목이 줄려 잘 나오지 않는 목소리로 세림에게 애원했다.

"세림아. 잘못했어. 제발 사…… 살려줘."

"왜 그래? 아직 제대로 힘주지도 않았는데. 좀 더 기다려 봐. 당신도 상담사랑 강팀장처럼 재밌게 해 줄게. 또 그다음엔 아주 아름답게 만들어 줄 거야. 뽀얗고 예쁘게. 어때? 좋지?"

그렇게 말하고 세림은 선생의 목을 꺾었다. 목이 꺾인 선생은 눈조차 감지 못한 처참한 얼굴로 교무실 한 쪽 구석에 꼬꾸라졌다.

처참하게 죽은 선생의 시신을 내려다보며 세림은 선생의 추악하고 더러웠던 일면을 떠올렸다.

강팀장의 성희롱과 사람들의 차가운 태도에 못 견뎌 도움을 청했을 때, 취업담당 부장이었던 선생은 협박조로 말했다.

"세림이 너. 실습 그만두고 오면 졸업할 때 까지 빨간 조끼 입혀서 애들 다 보는 앞에서 청소 시킬 거야. 그렇게 되기 싫으면 졸업할 때 까지만 참아. 너희들이 실습을 열심히 해 줘야 학교 취업률이 좋게 나오고 그래야 앞으로 우수한 학생들이 우리학교에 오게 할 수 있으니까. 졸업 하고 나면 나오든지 말든지 네 마음대로 하고 빨간 조끼 입고 싶지 않으면 졸업할 때 까지는 무슨 일이 있어도 버텨."

선생의 매정한 말에 눈물을 머금고 전화를 끊으며 세림은 생각했다. 언젠가 이들에게 꼭 복수하고 말 것이라고. 어떤 방식으로든 꼭 복수할 거라고. 세림은 지금 그 치열한 복수극의 마지막을 향해 달려가고 있었다.

"이걸로 세 명. 앞으로 한 명!"

글이 올라오기 무섭게 〈의혹 쪼개기〉 SNS에는 두 사람에 대한 제보 글이 올라왔다. 동훈과 범석과 동훈은 그 중 세림의 고등학교 친구라는 제보자를 만나 보았다.
 햇살이 비교적 따스한 어느 토요일 오후, 범석과 동훈은 경찰서 근처에 있는 카페에서 세림의 친구라는 제보자를 기다렸다. 제보자는 하늘색 패딩 점퍼를 걸치고 검은색 보온 스타킹을 신은 교복 차림으로 나타났다. 참 학생다운 모습이었다. 동훈과 범석은 제보자에게 인사를 건넸다.
 "안녕하십니까. 저는 세종경찰서 박동훈 형사입니다. 그리고 이쪽은 제보 글을 올렸던 〈의혹 쪼개기〉에 이범석 PD님입니다."
 "네. 안녕하세요. 저는 세림이 친구 강혜정이라고 합니다."
 강혜정이라 이름을 밝힌 소녀는 어색한 몸짓으로 자리에 앉았다. 아무래도 긴장이 되는 모양이었다. 동훈은 혜정을 안심시키려 말을 걸었다.
 "어려운 자리도 아니고 그냥 부담 없이 아는 대로만 얘기해 주면 되니까 너무 부담 갖지 마세요."
 "네."
 동훈의 말에 조금 긴장감을 해소했는지 편안한 표정으로 혜정은 입을 열었다. 그리고는 그동안 자신이 겪었던 일들을 이야기하기 시작했다.
 "네. 저도 세림이랑 같은 기간에 xx카드 콜 센터에서 실습생으로 근무했습니다. 거기는 사람이 갈 곳이 못돼요. 전화 목소리만 고상하지 사람들 성격은 또 얼마나 더럽다고요. 실습생이라고 최저임금도 안 주고 일시키면서 원하는 건 또 얼마나 많은지 콜 수 못 채웠다고 야근하는 건 허다하고 상사 커피 심부름까지 시킨다니까요. 게다가 이번에 죽은 강팀장이랑 상담사는 또 어떻고요? 정말 가관이에요."
 쉴 새 없이 말을 쏟아놓던 혜정은 목이 타는지 자신의 앞에 놓인 주스를 벌컥벌컥 마시고 다시 말을 이었다.

"강팀장 그 사람 정말 음흉하고 더러운 사람이에요. 처음 봤을 때는 저랑 세림이도 그렇고 다른 애들도 그렇고 얼마나 가슴 떨려 했다고요. 근데 회식자리를 한 번 같이하고 나서 생각이 바뀌었죠. 아 글쎄 세림이랑 다른 애들 가슴을 막 더듬질 않나. 허벅지 사이로 손을 넣질 않나. 게다가 일은 또 얼마나 빡세게 시킨다고요. 저랑 세림이는 콜 수를 못 채워서 밤새서 반성문 쓰고 퇴근한 적도 있어요."

혜정의 말을 듣던 동훈이 말했다.

"네. 강팀장에 대해선 충분히 잘 들었습니다. 그럼 유명주 상담사에 대해서 좀 얘기해 주십시오."

혜정은 주스로 목을 축이고 말했다.

"그 여자 무슨 빽이 있는지는 몰라도 명품 가방에 명품시계에 양복에, 거기다가 짙은 화장까지. 이제 막 대학 졸업한 상담사로는 보이지 않아요. 아마 회사 측이랑 무슨 연줄이라도 있는지 상사들이 상담사 말이라면 꼼짝도 못해요. 아 그리고 아마 그 상담사랑 상담한 내용 전부 다 상부 인사담당자들 귀에 들어갈걸요? 안 그러면 멀쩡히 있는 상담사한테 왜 아무도 상담 받으러 안 가겠어요?"

동훈이 말했다.

"그럼, 그 두사람이 유세림양의 자살에 가장 큰 영향을 미쳤을 것이다?"

혜정이 고개를 끄덕이며 말을 이었다.

"아, 그리고 강팀장이 속한 헤지 방어팀은 실습생들이 올 때 성적 좋은 애들을 제일 많이 배정 받아서 회사에서 그 팀을 밀어준다거나 강팀장이나 상부 임원들이 학교에 로비를 하고 있을 거라는 말도 있었어요. 안 그러면 성적 좋은 애들이 그 쪽으로 몰려 있을 이유가 없죠.

그렇게 힘든 곳을. 아마, 세림이도 거기만 가지 않았으면 그렇게까진 되지 않았을 거예요.

혜정은 그렇게 말하며 눈물을 보였다.

혜정이 말을 마치자 동훈이 말했다.

"네. 알겠습니다. 용기 있게 제보해 주셔서 정말 감사드립니다."

혜정과의 이야기를 끝내고 나오며 동훈은 범석에게 말했다.

"이번 일. 미친 소리 같겠지만 아무래도 인간의 영역에서 벌어진 사건이 아닌 것 같아요."

"네? 그게 무슨?"

범석이 놀라면서 물었다.

"실은 저번에 현장 갔다가 돌아가는 길에 무당 집에 들렀거든요.

무당이라는 말에 범석이 동훈의 말을 자르고 물었다.

"무당집이라뇨?"

범석의 물음에 동훈은 처음 전화를 받고 달려간 사건 현장에서 자신이 보았던 것에 대해 이야기 했다.

"그렇군요. 그래서 무당 집에서는 뭐라고 해요?"

"그게, 지금까지 죽은 강팀장이랑 상담사 모두 악귀의 살에 맞아서 죽었다는 거예요. 한 마디로 귀신한테 살해당했다는 거죠. 이상하잖아요. 사건현장엔 지문 하나도 안 나오고 누군가 들어온 흔적도 CCTV도 아무것도 없는데 갑자기 아무 이유 없이 죽었다는 게 말이에요."

동훈의 말을 듣던 범석이 말했다.

"그렇지만 죄책감에 의한 자살일 수도 있잖아요."

범석의 말에 동훈이 말했다.

"만약 그랬다면 우리가 회사를 대상으로 조사했을 때나 그 후에라도 자수를 했겠죠. 학생을 죽음으로 몰고 간 직접적 원인은 자신들이었으니까요. 그런데, 두 사람은 회사를 대상으로 한 조사가 거의 끝나고 자신들이 의심받을 때조차 자수할 생각을 하지 않았어요. 그렇다면 죄책감은 자살의 동기가 될 수 없어요."
 동훈과 범석이 대화를 하고 있을 때, 동훈의 휴대전화가 시끄럽게 울렸다. 동훈은 주머니에서 휴대전화를 꺼내 전화를 받았다.
 "네? 뭐라고요?"
 동훈은 새파랗게 질린 얼굴로 전화를 끊었다. 동훈의 표정을 보고 범석이 물었다.
 "왜 그래요? 또 무슨 일 있어요?"
 "또 한 명이 죽었대요."
 동훈의 말에 범석은 순간 말을 잃었다.


 세림은 선생의 시체를 내려다보며 미소 짓다가 다시 밖으로 나와 이번에는 아주 크게 소리 내어 웃었다.
 "으하하하하하! 으하하하하하! 흐흐흐흑! 흑흑!"
 통쾌한 듯 씁쓸한 웃음은 어느새 다시 눈물로 바뀌었다. 눈이 바질 듯한 고통을 안겨주는 피눈물로. 증오하던 이들이 고통스럽게 죽어가는 모습을 지켜보았는데 왜 이렇게 눈물이 나는 것일까?
 세림은 한참동안 울다 웃기를 반복하며 그 자리에 머물렀다. 그러는 동안 수많은 사람들이 세림의 앞을 지나갔다. 하지만, 그 누구도 세림의 존재를 알아 챈 사람은 없었다. 세림은 외로웠다. 누군가 한 사람이라도 자신을 알아주었으면 하는 마음이 들었다. 죽음이 이렇게나 외롭고 고독한 것인 줄 알았다면, 만약 그랬어도 이런 선택을 했을까, 세림은 생각했다. 복수가 끝나면 편안한 곳에서 외롭지 않은 곳에서 진정한 안식을 찾아보고 싶다고.

세림은 그렇게 생각하며 다음 복수대상에게로 발걸음을 옮겼다. 이 모든 것을 시작되게 한 가장 증오스러운 한 사람에게로.

동훈은 범석과 함께 새로운 비보를 전하기 위해 다시 무당집을 찾아갔다. 저번에 보았을 때 보다 음산하고 불길한 기운을 다소 벗어난 무당집에서 저번에 보았던 중년의 여자 무당이 동훈과 범석을 맞아주었다.

"어이, 형사양반. 그 건인가? 저번에?"

"네."

동훈이 말했다.

"그 쪽은 누구?"

무당은 범석을 가리키며 물었다. 동훈이 무당에게 범석을 소개했다.

"네. 이쪽은 저랑 같이 동행취재를 하고 있는 시사 교양 프로그램 PD인 이범석 PD입니다. 이번 사건을 취재하고 있죠."

"그렇군. 미안하지만 방송엔 나가지 않았으면 하네. 카메라를 별로 좋아하지 않아서 말이야."

카메라를 경계하는 듯한 무당의 태도에 범석이 양손을 들어 올리며 말했다.

"네. 걱정하지 마십시오. 카메라는 집에 놔두고 왔으니까요. 그리고 시사 프로에서 무당집이라니, 애초에 당치도 않은 얘기인걸요."

범석이 말을 마치자 무당이 입을 열었다.

"그래. 이번 사건의 원혼은 아주 강력한 원한을 가지고 있는 것 같아. 원한을 품고 복수를 다짐하고 죽은 것만 봐도 알 수 있어."

"그럼 어떻게 하면 좋을까요?"

무당은 잠시 뜸을 들이더니 목소리를 가다듬고 말했다.

"다음 희생자가 될 사람 옆에 미리 붙어있는 게 좋아. 그러면 원혼은 반드시 그 현장에 그 사람을 해치려고 나타날 거니까. 자네들이 수사했던 사람 중에 혹시 다음 표적이 될 만한 사람 짐작 가는 사람 없나? 학생들이 원한을 가질 만한 사람."

그 말을 듣고 깊은 생각에 잠겼던 동훈은 한 사람을 입에 담았다.

"그 학교의 교감입니다."

동훈이 예기한 세종생명과학고등학교의 장대현 교감은 취임 이후부터 학교의 취업률을 높이기 위해 극단적인 태도를 취하여 학생들과 학부모들 사이에서 원성이 자자했다. 기업주 부모를 둔 자식이 부모의 기업을 승계하는 것은 물론, 아르바이트와 현장 실습까지 취업률에 합산하는 방식으로 취업률을 높여 세종 생명과학 고등학교를 5년 연속 취업률 100%의 학교로 만들었다. 세림도 처음 학교에 지원할 때 취업률을 보고 결정을 했었다고 했다.

"그럼. 한시라도 빨리 그 대상에게로 가서 원혼을 기다려야지. 이번에는 나도 함께 가겠네."

동훈과 범석 그리고 무당은 차를 타고 세종생명과학고등학교로 향했다. 피해자이자 가해자인 자를 지키기 위해, 인간의 탈을 쓴 악마인 그에게, 어린 양의 꿈을 짓밟고 동심을 유린한 자들에게 진심어린 속죄를 받아내기 위해.

학교 정문에 도착하자 학교의 학생부장과 3학년 부장 교사가 정문 앞까지 마중 나와 있었다. 자기 학교의 교사가 의문의 죽음을 맞이하고 자신들과 계약을 체결했던 기업의 직원들마저 줄줄이 죽어나가는 상황 속에서 자신들의 안위를 보장받고 싶은 마음에서였을 것이라고 동훈은 생각했다. 그리고 혼잣말로 중얼거렸다.

"걱정 마. 당신들은 오늘 여기서 누구도 죽지 않을 테니까. 하지만, 각오해두는 게 좋을 거야. 살아서 죽는 것 보다 몇 배는 고통스러운 생지옥과 마주하게 될 테니까."

동훈과 범석은 학교 측에 원한에 의한 살인일 가능성이 있으며 다음 상대가 교감일 가능성을 이야기 하고 근접 경호를 하게 해 줄 것을 부탁했다. 학교 측은 용의자를 구체적으로 언급하지 않았는데도 불안함 탓인지, 의외로 쉽게 근접 경호를 허락해 주었다. 그리고 교감을 제외한 교장 및 다른 교사와 직원들은 자신이 다음 표적으로 거론되지 않은 것에 안도하는 눈치였다.

"교감선생님 계십니까."

"네. 들어오세요."

교감은 50대 중반에 머리가 반 쯤 벗겨지고 꼬장꼬장한 인상의 소유자였다. 동훈과 범석 그리고 무당은 교감에게 인사를 건넸다.

"안녕하십니까. 교감선생님 저는 이번 사건의 수사를 맡고 있는 세종경찰서 형사과 박동훈 형사입니다. 그리고 이쪽은 이번 사건의 취재를 맡고 있는 〈의혹 쪼개기〉의 이범석 PD님입니다."

"그럼 이쪽은 누구신가요?"

교감은 무당을 가리키며 말했다. 범석은 어쩔 줄 몰라 하며 당황하는 눈치였다. 범석의 눈치를 살핀 동훈이 무당에 대해 설명했다.

"저…… 그냥 방송 취재를 견학하러 온 시민 체험단의 한 사람입니다. 너무 신경 쓰지 않으서도 됩니다.

"아, 그렇군요. 그나저나 인상 한 번 무서우시군."

교감이 무당을 보고 말하자 순간 무당의 눈매가 매서워졌다.

"자. 그럼 이왕 오신 김에 서 있지 말고 다들 앉으시죠. 차라도 한잔 하면서 얘기를 나눠 봅시다."

교감의 말이 끝나고 일행은 일제히 자리에 앉았다. 동훈은 자리에 앉는 순간, 녹음기의 스위치를 켰다. 그리고 교감에게 질문을 던졌다.

"혹시, 유세림양의 자살 사건에 대해 어떻게 생각하시는지요? 여전히 학교 측의 책임은 없다고 보십니까?"

동훈의 말에 교감은 표정이 잠시 굳어지더니 입을 열었다.

"당연하죠. 학교는 언제나 학생의 안전과 만족을 최우선으로 생각하고 있습니다. 그리고 저 또한 이것을 최고의 가치로 삼고 교직에 임해왔습니다. 그렇기에 이번 자살 사건의 책임이 학교에 있지 않다고 단언할 수 있습니다."

교감의 말을 듣던 동훈이 말했다.

"듣자 하니 학생들이 실습을 이기지 못하고 돌아오면 징계의 의미로 빨간 조끼를 입고 청소를 시킨다던데 사실 입니까?"

동훈의 물음에 교감은 표정 변화도 없이 대꾸했다.

"네. 업무 현장으로의 현장실습은 현재 실업계 교육과정 중 하나로 자리 잡은 교육 활동의 하나입니다. 학생이 의무적으로 이수해야 하는 교육활동을 이수하지 못하고 돌아왔다면 그에 대한 합당한 처벌을 받는 것이 옳다고 봅니다."

동훈은 틈을 주지 않고 바로 다음 질문을 했다.

"예. 그럼 학생들이 실습 현장에서 당하는 부조리나 가혹 행위에 대한 학교의 대처는 바람직 했다고 보십니까? 학생들에게 무조건 참으라고 했다던데요."

"네. 현장 실습을 통한 업무 체험은 사회로 나가기 위한 밑거름일 뿐만 아니라, 사회생활의 일부이기도 합니다. 사회생활에서 어느 정도의 부조리나 위계질서가 존재할 수밖에 없다는 것은 제가 아니라 형사님이 더 잘 아시지 않습니까?"

동훈은 들으면 들을수록 화가 치밀어 올랐다. 교감은 사회적 시스템으로 인한 부조리나 자신들의 잘못을 한 치의 망설임 없이 합리화 하고 있었다. 동훈은 심호흡을 한 후 말했다.

"네. 그럼 마지막으로 묻겠습니다. 학생들의 본교 교육 활동에 대한 만족도는 어떻다고 보십니까?"

"네. 그 부분에 대해서는 더욱 자신 있게 말씀드릴 수 있습니다. 저희 학교는 취업률과 함께 5년 연속 교육활동 만족도 조사에서 여타 학교들을 재치고 1위를 차지하고 있습니다."

교감의 말을 듣던 동훈이 교감의 말을 자르며 말했다.

"네. 그럼 학생들이 실습 과정에서 이탈하는 문제와 학생들이 전공 분야와 무관한 현장에 실습을 나가고 있는 것은 어떻게 생각하십니까? 저희가 방송사의 협조 하에 설문을 진행한 결과 현장 실습에 대한 만족도는 매우 낮은 것으로 나타났습니다."

교장은 이번에도 표정을 바꾸지 않은 채 말했다.

"네. 100명의 학생이 있다면 100명의 학생 모두가 만족하는 것은 사실상 불가능하다고 봅니다. 그리고 대를 위한 소의 희생은 불가피하죠. 세상이 자신의 뜻대로 되지 않는다는 것을 학생들도 알 필요가 있습니다."

"네. 잘 알겠습니다. 협조 감사합니다."

교감실을 나온 동훈은 답답한 마음에 가슴을 쳤다.

"저런 꼰대가 있으니까 세상이 똑바로 안 돌아가지."

범석이 뒤따라 나오며 동훈에게 말했다.

"저기 형사님. 과연 오늘 안에 올까요?"

동훈이 말했다. 범석과 많이 친해졌다고 느낀 동훈은 범석에게 말을 놓았다.

"올 거야. 지금까지의 사건은 모두 유세림이 자살한 날과 정확히 일주일의 간격을 두고 일어났고 오늘이 바로 전 사건으로부터 일주일 째 되는 날이니까."

"그렇군요. 그것보다 형사님. 저한테 반말 하셨습니다."

"왜요? 불편해요?"

범석이 말했다.

"아닙니다. 괜찮습니다. 이제야 서로 가까워진 느낌이군요."

"그것보다 어떻게 생각해? 저 교감 말이야. 나는 지금 우리가 과연 이 교감의 목숨을 지켜야 할지 회의를 느끼기 시작했어."

"저도 같은 생각입니다. 저런 인간이 교감이라니. 이런 사건이 일어나는 것도 이해가 가는군요. 정말 징글징글한 인간이에요."

범석과 동훈은 분노했다. 여리고 순수한 새싹을 짓밟으며 사리사욕을 채워나가는 썩어빠진 권력에게, 그것을 당연시 여기게 만든 이 세상에게, 또 그것을 그저 바라볼 수밖에 없는 자신에게. 범석과 동훈은 다짐했다. 더 이상 이런 일이 일어나지 않게 하기 위해서라도 이 사건을 반드시 해결해야겠다고.

그 순간, 교감실과 복도의 불이 갑작스레 어두워졌다. 무당이 교감실 문을 박차고 뛰어 나오며 말했다.

"왔어. 기운이 느껴져."

동훈과 범석은 비장한 표정을 지었다.
잠시 후, 피눈물 자국이 진 창백한 얼굴의 세림이 범석과 동훈. 그리고 무당 앞에 나타났다.
"교감 어디 있어. 교감 나와!"
세림이 비명을 질렀다. 동훈이 교감에게 가려는 세림을 막아서며 말했다.
" 교감은 저 안에 있어. 원한다면 가도 좋아. 근데 세 명 죽인 걸로도 부족해? 아직도 더 남았어? 그래. 솔직히 이해는 가. 저 인간, 정말 더럽고 추악한 인간이더군. 근데 말이야. 이런 생각 안 들어? 겨우 저런 더러운 인간 몇 사람 죽이고 복수하기 위해서 네 손을 더럽히기 아깝다는 생각. 겨우 이런 걸로 버리기엔 네 목숨이, 꿈이. 청춘이. 너무 아깝다는 생각. 물론 잃어버린 목숨은 되돌릴 수 없지만, 지금 이 선택은 되돌릴 수 있어. 넌 저들과 다르잖아. 누구보다 순수했고 깨끗했어. 그러니까, 이제 예쁘고 깨끗한 모습 그대로 편히 쉬어. 지금 내 모습이 어떤지 알아? 너무 섬뜩하고 추악해."
잠시 말을 멈추고 동훈은 세림의 앞에 거울을 내밀었다. 헝클어진 머리와 창백한 얼굴. 피눈물 자국이 얼룩진 눈가는 존재 자체만으로도 엄청난 공포심을 불러일으켰다.
"다 잃어버렸어. 꿈도 생명도, 그리고 사랑도."
세림의 말을 듣고 동훈이 말했다.
"아니야. 아직 잃지 않았어. 네 순수하고 아름다운 모습은 아직 네 안에, 그리고 모두의 안에 남아 있어. 네가 겪어야 했던 쓰라린 고통과 함께. 우리 모두 너를 기억하고 있어. 그리고 너와 함께 아파하고 있어. 그러니까, 이제 편히 쉬어."
동훈의 말이 끝나자 세림의 몸에서 빛이 났다. 그리고 피눈물 자국이 서서히 지워지며 세림의 본래 아름다운 얼굴이 나타났다. 그리고 세림의 입가에는 옅은 미소가 떠올랐다. 동훈과 범석 그리고 무당은 그 모습을 가만히 지켜보았다. 그러자 어느 순간 세림은 밝게 빛나며 흩어지더니 시야에서 사라졌다.

동훈은 세림이 남긴 빛을 오랫동안 바라보았다. 동훈의 곁에 범석이 다가와 서며 말했다.
"이제 다 끝이네요."
동훈이 말했다.
"아니야. 이제부터가 진짜 시작이야. 더럽혀진 이 세상을 조금이나마 정화하기 위한 진짜 시작."

그 이후, 동훈은 재학생들과 실습생들의 제보를 받아 학교와 회사 측의 불공정 계약과 가혹행위 문제 등을 밝혀냈고 상층부의 취업 관련 비리 정황도 여럿 포착했다. 동훈은 이런 사실들을 밝혀낸 공로로 최연소 경감으로 특별 진급하게 되었다. 자신이 그토록 바라던 '멋지고 정의로운 수사반장'의 계급이 된 것이다. 동훈은 진급을 하고 각오를 다지는 자리에서 이렇게 말했다.

"저는 이제 막 날개를 펴기 시작한 새내기 경찰입니다. 그리고 새내기 수사반장이기도 하죠. 저는 저와 같은 아직은 어리고 미숙한 미생들을 위해 힘쓸 겁니다. 미약하게 들려오는 그들의 구슬픈 비명에 귀를 기울이고 그들이 올바르게 성장할 수 있도록 도울 것입니다. 오늘 저에게 주어진 이 과분한 자리는 그것을 위한 발판이라고 생각합니다. 이 자리를 주신 여러분께 보답하기 위해서라도 올바르고 청렴한 경찰로서 앞으로 쭉 올바른 길을 걸어갈 것을 여러분께 약속드립니다."

소감 발표를 마치고 단상에서 내려온 동훈에게 범석이 꽃다발을 안겨 주었다. 꽃다발과 함께 외장 하드 디스크를 건네주며 범석이 말했다.

"진급 축하해요. 박 반장님. 그런 의미로 같이 가실까요?"
"이게 뭐야? 공기업 부사장 여직원 성추행 사건 관련자료? 나보고 같이 수사하자고?"
동훈의 물음에 범석이 말했다.
"그럼요. 우린 누가 뭐래도 최고의 콤비 아니겠어요?"
" 콤비? 뭔 콤비? 개그 콤비?"
"아이, 반장되더니 아저씨 다 됐네. 어서 가요. 빨리!"
"그러지. 하하하!"
두 사람은 크나큰 목표를 위한 새로운 여정을 시작했다. 그런 두 사람의 위로 겨울답지 않게 따스한 햇살이 비추고 있었다.
"그래. 이제 내가 써 가는 거야. 나 밖에 만들 수 없는 나만의 멋지고 훈훈한 형사드라마를."

# 그녀의 이기심

이 승 우
(대전구봉고등학교 2학년)

어느 샌가 그도 이기적인 사람이 되었다.
그 누구보다 남을 배려하던 그가 그 누구보다 이기적인 그녀를 만나 그도 동화되고 말았다.

"여러분의 입학을 진심으로 축하합니다!"
교장선생님의 마지막 말씀으로 인이고등학교 입학식이 끝이 나고 학생들은 정문에서 우르르 빠져 나오고 있었다. 파도처럼 밀려나오는 학생들 속에서 홀로 바닥에 떨어진 쓰레기를 줍는 학생이 있었으니 그는 바로 이번에 인이고등학교 신입생 김동윤 이였다. 학생들이 모두 빠져나오고 나서야 그는 주변에 떨어진 쓰레기가 있는지 없는지 확인하고 없는 것을 확인한 뒤 자신의 손에 들고 있던 쓰레기를 주머니에 넣고 정문 밖으로 발길을 향하였다.
동윤이는 어려서부터 자신보다 남을 먼저 생각하였다. 부모님이 자신에게 장난감을 사주려고 하여도 그 돈으로 누나 인형이나 하나 더 사주자고 말 할 정도였다. 또 밥을 먹을 때에도 모두가 좋아하는 고기반찬 대신 자신은 나물반찬이 더 좋다며 고기반찬을 가족들에게 양보하였다. 그래서 동윤의 부모님은 오히려 너무 빨리 철이 들어버린 동윤 때문에 골머리를 앓고는 하였다. 고등학교 첫 날 그는 점심시간에 도서관에서 홀로 독서를 즐겼다. 그가 유일하게 가지고 있는 취미는 독서였다. 점심시간이 끝날 무렵 그는 책을 대출 하기위해 사서선생님께 갔다. 그 순간 한 여자가 도서관에 뛰어 들어오더니 결국 동윤과 부딪히고 말았다.

"아야."

"미안해 어디 다친데 는 없니?"

동윤은 자신이 밀쳐졌음에도 불구하고 자신이 사과를 하였다. 그러나 그녀는 동윤의 말은 들리지도 않는다는 듯 일어나서 사서 선생님께 갔다.

"선생님, 혹시 '무지개 연애' 라는 책 있나요?"

동윤은 자신이 읽고 있던 책이 '무지개 연애' 라는 것을 알아차리고는 그녀에게 책을 건네주었다. 그러나 그녀는 고맙다는 인사도 없이 책을 대출받고는 그대로 휙 나가버렸다.

일주일 정도 뒤, 동윤은 언제나 그랬듯 도서관에서 책을 읽고 있었다. 그리고 지난주에 '무지개 연애'를 빌렸던 은하가 책을 반납 하기위해 도서관에 찾아왔다. 은하는 책을 반납하고 도서관을 나가려다가 '다른 책도 읽어볼까' 라는 생각에 다시 뒤돌아서 책장에 꽂혀있는 책들을 흘겨보았다. 그러던 중 도서관 구석에서 책을 읽고 있는 남자를 보게 되었고 은하는 왜인지 모르게 그에게 호감을 느꼈다. 은하는 그의 명찰에서 그의 이름이 김동윤이라는 것을 알게 되었고 수줍음에 도서관을 빠져나왔다. 다음날 은하는 도서관에 동윤이 있는지 보러갔었고 역시나 동윤은 도서관 구석에서 책을 읽고 있었다. 그 다음날에도 은하는 동윤을 보러 도서관에 갔었고 오늘은 동윤에게 말을 한번 걸어보려고 마음먹었지만 결국 수줍음에 동윤에게는 말도 걸지 못하고 도서관을 나왔다. 그렇게 일주일이 흐르고 은하는 마침내 동윤에게 말을 걸었다.

"안녕하세요~ 책 엄청 좋아하시나봐요. 도서관 올 때마다 보이셔서. 하하."

동윤은 읽던 책을 덮고 은하를 쳐다보았고 은하의 어색한 미소가 동윤의 눈에 띄었다.
"아. 제가 책을 좀 많이 좋아해요, 근데 혹시 저에게 무슨 볼 일 있으신가요?"
"아 아뇨! 볼일은 아니고… 그…"
"네? 하실 말씀 있으시면 편하게 하세요."
동윤은 전혀 모르겠다는 표정으로 은하를 쳐다보았고 은하는 어느새 얼굴이 빨개져있었다. 그리고 은하는 동윤에게 말하였다.
"지난 일주일간 그쪽 지켜봤는데 그쪽 엄청 매력 있으신 것 같아요.. 혹시 여자친구 없으시면 저랑 만나실래요? 아니 만나요!!"
동윤은 예상외의 말에 놀라서 벙쪄있었지만 잠깐의 고민 뒤에 은하에게 말하였다.
"제가 여자에 관심이 별로 없어서… 죄송합니다"
동윤은 이 말을 하고 도서관을 나오려 하였지만 은하가 동윤을 잡으며 말하였다.
"제발 저랑 만나주시면 안될까요? 네? 부탁이에요. 제 고백 안받아주시면 저 맨날 도서관 와서 그쪽 책 읽는 거 방해할거에요! 그러니까 받아주세요. 네? 받아 주실꺼죠?"
은하는 하염없이 동윤을 졸랐고 동윤은 깊게 고민하다가 대답하였다.
"네. 그래요"
"진짜요? 그럼 저 전화번호부터 주세요! 제가 오늘 연락할게요~"
은하는 동윤의 번호를 받고 신이 나서 콧노래를 부르며 도서관 밖으로 나갔다. 동윤은 어리둥절한 표정으로 다시 책을 읽으려다가 왜인지 집중이 되지 않아 책을 읽는 것을 그만두고 도서관을 나왔다.
그날 밤 동윤은 은하에게 연락을 받았고 은하와 동윤은 연락을 계속하였다. 그리고 이번 주말에 공원에 가서 피크닉을 하자고 은하가 말하였고 동윤은 알겠다고 하였다.

주말이 왔고 동윤과 은하는 공원에 돗자리를 펴고 서로 마주 보여 앉아있었다. 그리고 서로에 대한 이야기를 하였다.
"동윤아, 너 알고 보니까 나보다 한 살 어리더라? 괜히 존댓말 썼잖아!"
"말할 시간이 없었잖아요. 자기가 갑자기 불쑥 찾아와놓고선…"
"불쑥? 야 내가 너한테 말 한번 걸어보려고 얼마나 노력했는지 넌 모를 거다."
"그래서 노력해서 한말이 다짜고짜 고백한거에요? 참 대단하네요."
동윤과 은하는 다른 연인들처럼 대화를 계속 하였다. 그러던 중 동윤의 눈에 2인용 자전거 대여소가 눈에 띄었다.
"누나 우리 저거 한번 탈까요? 재밌을 것 같은데?"
"그래! 한번 타러 가자!"
동윤과 은하는 자전거를 대여하고 즐겁게 타고 놀았고 그렇게 그들의 첫 데이트는 끝이 났다.
그리고 며칠 뒤 둘은 카페에서 수다를 떨고 있었다.
"동윤아! 너 혹시 영화 좋아하는 거 있어?"
"영화요? 갑자기 왜요?"
"아니 그냥… 야 야, 나는 영화는 그냥 흥행하는 거 아무거나 보거든? 근데 딱 하나 안보는 장르가 있어. 바로 액션이야. 사람들끼리 치고 박고, 그게 뭐하는 짓이니?"
"액션은 뭐 그런 맛에 보는 거죠, 근데 저는 어릴 때 친구들 따라 공포영화를 한번 보고 일주일 내내 가위에 눌린 적이 있어서 그때 이후로는 공포영화를 못 보겠더라고요. 한번은 학교에서 공포영화를 틀어줬는데 저는 화장실에 간다고 핑계대고 수업이 끝나고 나서야 교실에 들어갔다니까요?"

은하는 깔깔대며 나를 귀엽다는 듯이 쳐다보았고 동윤은 진짜라며 괜히 더 흥분하였다.
며칠 뒤 은하는 동윤에게 영화표 두 장을 들이밀었다.
"짠! 이번에 완전 인기 있는 영화 티켓 내가 구해왔어! 이번 주말인데 같이 보자!"
"아. 누나 이거 무서운 거잖아요. 저 이거 못 볼 것 같은데…"
"에이~ 동윤아! 왜 그러냐~ 한번 보자~"
"누나 진짜 못 볼 것 같아요 죄송해요. 그냥 이거 친구랑 보면 안돼요? 누나?"
"같이 보면 재밌을 것 같아서 구해왔는데… 그래… 됐다."
은하는 싸늘한 표정으로 뒤를 돌아 걸어갔고 동윤은 괜스레 미안해졌다. 그날 밤 동윤은 은하에게 전화를 걸었고 은하는 전화를 받지 않았지만 동윤이 수차례 전화하자 그제야 은하가 전화를 받았다.
"누나 왜 이렇게 전화를 안 받아요 무슨 일 있는지 걱정했잖아요."
"핸드폰이 멀리 있었어, 미안해. 왜 전화했어?"
"그… 영화 못 본거 미안해서… 대신 내가 그 다음날 누나가 좋아하는 떡볶이 사줄게요! 그러니까 기분 풀어요, 누나~ 응?"
"그래~ 나도 너 못 보는 영화 괜히 보자고해서 미안해. 너 떡볶이 꼭 사라!"
은하와 동윤은 다행히 화해를 하였지만 서로에 대한 갈등은 이것으로 끝난 게 아니었다. 며칠 뒤 동윤은 약속대로 떡볶이를 사주러 은하와 만났고 둘은 떡볶이 집에 갔다.
"누나! 먹고 싶은 거 다 시켜요! 내가 미안하니까 다 시켜줄게요!"
"동윤아, 여기는 당연이 오징어 떡볶이지~ 여기는 이게 제일 맛있어! 다른 건 먹으면 안 돼."
"누나, 근데 나 오징어 알레르기 있는데… 다른 거 먹으면 안 될까?"

동윤이 말이 끝나자마자 은하의 표정은 굳어졌고 한숨을 한번 쉰 뒤 은하가 말했다.
"아니 동윤아 그러면 다른 떡볶이 집을 가자고 했어야지. 왜 굳이 여기 와서 지금 그런 말을 해주면 어떡해"
"미안해요 누나… 그냥 먹자! 나는 볶음밥 먹으면 돼요!"
그리고는 동윤은 괜히 큰소리로 카운터에 주문을 하였다.
"여기 오징어 떡볶이 주세요! 빨리 주세요~"
은하의 기분은 안 좋아졌고 동윤은 그런 은하의 기분을 달래주기 위해 노력하였다. 은하는 동윤에게 괜찮다고 하며 떡볶이를 먹었다. 동윤은 괜스레 은하에게 시답잖은 장난을 쳤고 은하는 피식 웃은뒤 다시 기분이 풀어졌다. 그리고 며칠 뒤 은하가 동윤에게 말하였다.
"동윤아 내 친구들이 니가 너무 궁금하다고 얼굴 한번 보여 달라고 자꾸 졸라대서 내일 약속 잡았는데 시간 괜찮지?"
"아니 누나 시간은 괜찮은데. 저랑 상의도 없이 약속을 막 잡으면…"
동윤의 말이 끝나기도 전에 은하는 동윤의 말을 끊고 말하였다.
"친구들이 하도 졸라대서 어쩔 수가 없었어. 니가 이해 좀 해줘 알았지?"
동윤은 한숨을 푹 쉬며 알겠다고 하였다.
다음날 동윤은 은하의 친구 둘과 카페에서 만났다. 먼저 은하의 친구중 뚱뚱하고 미간이 넓은 친구가 먼저 말하였다.
"야~ 얘가 동윤이야? 생각보다 잘생겼는데? 왜 너랑 사귀는 거냐? 깔깔"
"야! 내가 뭐 어때서… 동윤아 무시해 무시!"
동윤은 불편한 기색을 감추지 못하였고 친구들은 눈치도 없는지 동윤에게 질문을 쏟아 부었다.

"우리 은하 어디가 좋아요? 은하 생각보다 감당하기 힘들 텐데… 아직은 괜찮아요?"

동윤은 '네… 아…'라는 식으로 대답하였고 한두 시간쯤 뒤에 급한 일이 있다며 자리를 빠져나왔다. 눈치 없는 친구들은 잘가라며 손까지 흔들어주었다. 그리고 그날 밤 은하가 동윤에게 전화를 걸었다.

"동윤아~ 오늘 힘들었지. 내 친구들이 조금 오지랖이 넓어 니가 이해해줘."

동윤은 감정을 꾹 참고 '아니야 괜찮아' 라고 하였고 은하가 동윤에게 말하였다.

"그래도… 미안하니까 주말에 우리 놀러가자! 시내 놀러가는 게 어때? 내가 맛있는 것도 많이 사줄게! 가자!"

"누나, 나 주말에 친구들이랑 약속 있어요. 다음에 만나면 안 될까?"

"동윤아 그래도 나는 너한테 미안해서 빨리 만나고 싶은데… 친구들이랑 약속 한번만 취소 하면 안 돼? 응?"

동윤은 이번에도 은하에게 져주어 친구들과의 약속을 취소하고 은하와 약속을 잡았다. 다음날 동윤은 친구들에게 약속을 취소하기위해 친구들에게 말을 하였다.

"얘들아.. 나 주말에 일이 생겨서 너희랑 못 놀 것 같다. 너희끼리 놀아."

"야 김동윤, 일은 무슨 일이야, 너 또 여자친구 만나는 거지? 연애하더니 변했다 변했어~"

"김동윤 진짜야? 이제 친구도 없구나! 역시 연애하면 사람이 바뀌어~"

동윤이는 친구들에게 비난을 받았다 하지만 동윤은 자신이 잘못한 것이라고 생각하여 친구들에게 연신 사과만 하였다. 그주 주말 동윤과 은하는 카페에서 만났다.

"이렇게 카페에 앉아 있을 거면 차라리 친구들이나 만날 걸…"

동윤은 작게 혼잣말을 중얼거렸다. 그러나 그 말을 은하가 듣고 말았다.

"뭐라고? 야 김동윤 너 무슨 말을 그렇게 서운하게 하냐? 나랑 카페에서 앉아 있는 건 시간낭비다 이거야?"
"아니 그런 말이 아니잖아요. 친구들이랑 약속을 깨고 여기 앉아있는게 너무 조금 그래서…"
"그니까 그 말이 나랑 카페에 앉아있는게 시간낭비다 이거잖아."
항상 져주기만 하던 동윤은 이제는 지쳐 은하에게 한마디 하였다.
"아니 누나, 누나는 왜 항상 나를 이해 못해줘요? 나는 맨날 져주는데 누나는 맨날 자기 생각만 고집하고, 저도 이제 슬슬 지쳐가요."
"뭐 지쳐? 야 누가 보면 내가 맨날 져달라고 너한테 부탁한 줄 알겠다. 누가 부탁했어? 내가 너한테 '제발  좀 항상 져줘' 이랬냐고! 너 진짜 어이없다. 싫으면 너도 나처럼 해! 지금까지 니가 안한 거잖아 근데 왜 내 탓을 해?"
"나는 누나한테 배려한 거잖아요. 누나도 나 조금만 배려해주면 안돼요?"
"아~ 나는 지금까지 너를 배려해준 적이 한 번도 없다? 그래 내가 다 잘못했네, 미안하다"
"아니 누나 그런 말이 아니잖아요. 자꾸 진짜 왜 그래요?"
"뭘 왜 그러긴 왜 그래, 니가 지금까지 이런 식으로 말했잖아 아니야?"
"아니 누나. 하…"
동윤이는 한숨만 내쉬었고 은하의 눈에는 눈물이 맺혀있었다.
"동윤아, 오늘은 조금 실망이 크다."
은하는 이 말을 하고 자리에서 일어나 카페를 나갔다. 동윤은 은하를 잡을까 생각해보았지만 잡아도 할 말이 없었고 괜히 더 크게 싸울 것만 같아서 은하를 잡지 않았다. 그리고 그 날 밤 은하와 동윤은 전화를 하였다. 동윤이 먼저 은하에게 말하였다.
"누나, 오늘은 내가 미안했어요. 나도 요새 조금 지쳐서…"

"괜찮아 나도 잘 한건 없는데 뭘. 일찍 자자 오늘은 피곤해."

동윤은 은하를 달래려고 하였지만 갑자기 피로가 동윤을 덮치는 느낌을 받았고 '그래요 잘 자요' 라는 동윤의 말을 마지막으로 통화를 끝냈다. 시간이 흘러 은하의 기분은 풀어졌지만 동윤은 예전 같지 않은 모습을 보였다. 그리고 둘의 연애도 예전 같지 않았다.

은하는 친구 영지, 수미를 만났다. 그리고 은하는 동윤과의 갈등에 대한 고민을 친구들에게 얘기하기 위해 카페에 가자고 하였다. 가장 먼저 영지가 은하에게 말하였다.

"은하야 너 무슨 일 있지? 너 항상 무슨 일 있으면 우리랑 카페 오잖아~"

"아… 내가 그랬나? 일은 무슨…"

얘기를 듣고 있던 수미가 은하를 쳐다보며 은하에게 말했다.

"야 년 무슨 일이 생기면 얼굴에 다~ 써있어. 뭐해? 빨리 말 안하고."

은하는 주춤대다 고개를 숙이고 작은 목소리로 말하였다.

"아니.. 내 남자친구… 그때 너희도 봤던 애 있잖아… 동윤이…"

은하의 말이 끝나기도 전에 영지가 은하에게 말하였다.

"아~ 그 동윤이? 야~ 생각보다 걔 잘생겼더라? 야야 나도 걔 친구 소개해주라 응? 은하야~"

영지는 눈치도 없이 은하에게 말하였고 수미는 영지에게 '야 애 진지한 얘기 할 것 같은데 그냥 조용히 듣자' 라고 하였다. 그리고 은하가 다시 말을 이어갔다.

"요즘 동윤이가 많이 변한 것 같아0 나한테도 싸늘하게 대하는 것 같고…"

"엥 왜? 언제부터 그랬는데?"

"아니.. 내가 동윤이한테 미안한 게 있어서 만나자고 했는데 그날 약속이 있대. 그런데 나는 빨리 만나서 기분 풀어주고 싶어서 그 약속 취소하면 안 되냐고 물어봤지. 그런데 그냥 취소 하더라고. 그래서 같이 카페에 갔다. 가서 이런저런 얘기도 하다가 갑자기 동윤이가 나랑 여기 앉아있는 게 시간낭비 같다는 거야. 그래서 나도 화를 냈지. 그렇게 싸우다보니까 어느새 멀어져있더라고."
"동윤이가 그랬다고? 정확히 뭐라고 했는데? 니 감정 섞지 말고 은하야!"
"동윤이가… 아! 자기는 나를 항상 배려해주는데 왜 누나는 안 해주냐고, 자기도 지쳤다고 그러더라고."
은하와 친구들은 머리를 맞대여 고민을 하였다. 그리고 영지가 말하였다.
"결론은 걔도 속상한 게 있었고 너도 속상한 게 있었던거네. 둘이 만나서 이야기 해봐~"
"근데 둘이 만나기에는 우리가 지금 어색해서… 어떡하지?"
은하와 영지는 고민하였고 듣고 있던 수미가 고개를 갸우뚱거리며 말하였다.
"은하야 둘이 만나기 힘들면 우리도 껴서 넷이 만나는 거 어때? 우리 핑계대서 만나자고 해봐 우리는 적절한 타이밍에 빠져줄게."
은하와 친구들은 좋다며 서로 박수쳤고 다음 주 주말에 만나자고 약속하였다. 그리고는 언제 심각했냐는 듯 보드게임을 가져와 신나게 보드게임을 하였다. 그렇게 은하와 친구들은 밝게 인사를 하며 헤어지고 은하는 가벼운 마음으로 걸어갔다. 그리고 그날 밤 은하가 동윤에게 전화를 걸었고 동윤은 그 전화를 받지 않으려다가 마음속에 있는 감정 때문에 전화를 받았다.
"여보세요? 동윤아~ 뭐하고 있었어?"
"이제 씻고 슬슬 자려고 했지. 왜 전화했어요?"
"아니… 그냥… 아! 동윤아 전에 봤던 내 친구들 있지 걔네가 너 한번만 더 보고 싶다는데 이번 주 주말에 시간되면…"
은하의 말이 끝나기도 전에 동윤은 은하의 말을 자르고 자신이 말하였다.

"또 만나라고? 그 불편한 자리를 나보고 또 가라고? 누나는 나한테 그러고 싶어요? 저 이번에는 안갈래요. 가기 싫어요."

사실 친구를 만나는 자리가 그리 불편한 자리는 아니었지만 동윤은 은하에게 반항하고 싶은 마음에 오히려 더 가기 싫다고 강하게 말하였다. 은하는 조금 놀라 동윤에게 말하였다.

"뭐? 그래도 약속 잡았는데… 한번만 만나주면 안될까? 응?"

"누나 차라리 둘이 만나면 갈게요 근데 친구들까지 있으면 저 진짜 안가요."

동윤은 이제 은하가 하자고 하는데로 하는 것이 싫었다. 그래서 오히려 더 싫다는 것을 강조하고 자신이 다른 해결책을 제안하여 자신의 제안대로 하자고 하였다. 은하는 변한 동윤에게 조금 놀랐고 우선 동윤의 제안대로 하기로 하였다.

"그래 동윤아 니가 많이 불편하면 그냥 둘이 만나자 친구들한테는 내가 잘 얘기 해놓을게"

"알았어요. 앞으로 나랑 상의 없이 약속 잡지마요."

은하는 동윤과 멀어진 기분을 느꼈다. 그래서 동윤의 마음을 다시 잡기위해 노력하였고 친구에게 다음 주에 주변 대학교에서 축제를 한다는 말을 들었다. 은하는 동윤과 함께 축제에 가서 즐기면 동윤의 마음을 다시 잡을 수 있을 거라고 생각하였고 축제에 대한 정보를 찾아 보았다. 그리고 은하는 조금 더 흥분한 말투와 밝게 웃으며 동윤에게 말하였다.

"동윤아! 다음 주에 대학 축제있는 거 알지? 그거 같이 가자!"

하지만 동윤의 표정은 여전히 싸늘하였고 차가운 반응뿐이었다. 그리고 동윤은 은하에게 말하였다.

"나 그거 친구들이랑 같이 가기로 했어요. 일찍 말하지 나도 어제 약속 잡았는데"

은하는 이번에 같이 가지 못하면 동윤의 마음을 잡지 못할 것이라고 생각하여 그러면 안된다는 것을 알면서도 동윤을 졸랐다.

"동윤아… 같이 가면 안 돼? 나 진짜 너랑 가고 싶어.. 너 아니면 같이 갈 사람도 없어. 동윤아… 같이 가자. 응?"
"이미 친구들이랑 약속 했다니까요. 다음에 같이 가자. 이번에 같이 못가서 미안해요."
동윤은 뒤를 돌아 걸어갔고 은하는 그런 동윤의 뒷모습을 보며 실망스런 표정을 감추지 못하였다. 이 날 이후 동윤과 은하는 예전에 비해 서로 바뀐 듯한 모습을 서로에게 보여주었다. 둘은 곧 기념일 이였고 기념일에 무엇을 할지 서로 이야기하였다.
"동윤아, 우리 조금 있으면 기념일이잖아. 그때 뭐할까?"
"뭘 뭐해요 그냥 도서관가서 책이나 읽자. 나는 그게 제일 좋아요."
은하는 동윤의 말을 듣자마자 어이없는 웃음을 터트리고 말하였다.
"그래도 우리 기념일인데 도서관은 좀 아니지 않아? 어디 여행까지는 안바래도 시내정도는 놀러갔으면 좋겠는데…"
"시내 가도 딱히 할 것도 없잖아요. 도서관 가기 싫으면 그냥 집에서 쉬던가 아니면 만나고 싶으면 카페 가서 이야기나 해요."
은하는 동윤의 제안이 다 마음에 들지 않았고 혼자서 고민하다가 말하였다.
"아 동윤아 우리 예전에 영화 못 봤으니까 이번에 볼까? 니가 예매해! 니 취향대로!"
동윤은 알았다는 듯이 고개를 끄덕였고 은하는 이제야 만족한다는 듯 한 표정을 지었다. 그날 밤 동윤은 영화를 찾아보았고 딱히 자신의 취향에 맞는 영화가 없는 것 같아서 예매율 1위의 영화를 예매하였다. 그 영화가 액션영화 인줄도 모르고 말이다. 동윤과 은하의 기념일이 찾아왔고 둘은 한껏 꾸민뒤 영화관으로 갔다. 기념일이여서 그런지 둘의 사이는 완만해졌고 서로 사진도 찍으며 즐거운 모습을 보였다. 그리고 팝콘과 음료수를 산 뒤 영화관 안으로 들어갔다. 아직은 광고가 나오고 있었고 은하가 동윤에게 작게 말하였다.

"나 너무 기대된다. 영화관에서 영화 진짜 오랜만에 보거든, 근데 이거 무슨 영화야?"
"잘 모르겠는데… 근데 재미있을 거야 이게 예매율 1위 영화거든."
"그래그래 난 액션만 아니면 뭐든 상관없어~ 오 시작한다. 보자보자!"
　영화가 시작되었고 영화는 한 남자가 다른 남자의 머리를 방망이로 때리며 시작하였다. 그 장면을 보자마자 은하는 놀라서 소리를 질렀고 동윤에게 속삭였다.
"야.. 이거 뭐야 이번장면만 그런 거지? 그치?"
　동윤은 아마도 그럴 것 이라고 은하에게 말하였고 은하는 겨우 진정하여 다시 영화를 보았다. 그러나 그 다음 장면은 한 남자가 다른 남자의 머리에 총을 겨누는 장면이었고 은하는 그 장면을 보자마자 영화관 밖으로 나왔다. 그리고 은하는 결국 눈물을 터트렸다. 동윤은 영화의 줄거리를 찾아보았고 알고 보니 그 영화의 줄거리는 한 킬러가 사람을 잔혹하게 죽이는 방법을 자신의 후임 킬러들에게 전수해주는 방법이 나오는 영화였다. 동윤은 은하를 안아주며 달래주었지만 은하는 이미 기분이 상할대로 상하였다.
"야 김동윤, 너 내가 액션영화 못보는거 알면서 일부러 이런 영화 예매한거지 그치?"
　은하의 얼굴에는 눈물이 흘렀고 동윤은 어쩔 줄 몰라 당황하였다.
"그건 진짜 아니에요 누나… 나는 진짜 그냥 예매율 1위여서… 그리고 영화 제목도 '조쉬와 동생들' 이여서 나는 그냥 가족영화인 줄 알았죠."
　그러나 은하에게 동윤의 말은 들리지 않았고 은하는 화를 내며 동윤에게 말하였다.
"아니 너 내가 옛날에 공포영화 보자고 한것 때문에 이러는 거야? 아니 싫으면 말을 해야지 왜 이렇게 찌질하게 굴어? 너 이런 애였니?"
　은하의 막말에 동윤도 감정이 상하였고 언성이 높아졌다.
"아니 진짜 몰랐다니까요? 지금까지 나랑 만나놓고 나 못 믿어요? 나를 그렇게 몰라? 나도 누나한테 조금 실망이다."

"뭐 실망? 지금 니가 실망할 상황이야? 진짜 어이없네. 됐어 나 그냥 집으로 갈래 따라오지 마."

동윤은 한숨을 푹 쉬며 땅을 쳐다보았고 은하는 눈물을 닦으며 동윤에게서 멀어져갔다.

그렇게 며칠간 서로 연락도 하지 않고 자존심 싸움을 벌였다. 그리고 그 싸움에서 먼저 다가간 사람은 은하였다.

은하의 부모님은 해외여행에 가서 은하의 집에는 은하 혼자만 있었다. 그리고 그날 밤 은하는 몸이 갑자기 으슬으슬 추운 것을 느꼈고 '별거 아니겠지.' 라고 생각하고 잠이 들었다. 하지만 새벽에 일어나보니 열이 심하게 나서 몸을 움직이기도 힘든 상황이 되었다. 은하는 겨우 핸드폰을 들고 친구인 영지와 수미에게 전화를 하였다. 그러나 자고 있는지 전화를 받지 않았고 은하는 하는 수 없이 동윤에게 전화를 걸었다. 그리고 동윤은 자고 일어난 목소리로 전화를 받았다.

"여보세요? 동윤아 나인데… 내가 지금 너무 아프거든.. 근데 우리 집에 아무도 없어서 약이라도 좀 사다주면 안될까? 부탁이야."

"그런 부탁을 왜 나한테 해요. 가족이나 친구한테 해요. 밤에 함부러 남자 집에 들이는 거 아니에요. 저 잘게요 끊어요."

동윤은 '가줄까.' 고민도 하였지만 은하에 대한 반항심이 아직 남아있는건지 아니면 은하에게 화난 것이 아직 안 풀어진 것인지 은하에게 가는 것이 싫었고 억지로 다시 잠이 들었다. 은하는 동윤과의 전화를 끊고 몸에 힘이 다 빠져서 다시 잠이 들었다. 아침에 일어나보니 몸은 조금 나아졌고 밖으로 나갈 준비를 한 뒤 곧바로 병원에 갔다. 다행이 은하는 감기몸살 기운이 있었던 것이었고 그 증상이 조금 심해 병원에서 수액을 맞고 약을 처방받아 집으로 왔다. 은하는 아픈데 같이 있을 사람이 하나도 없다는 생각에 서러워 눈물이 났다. 그 눈물은 그칠 줄 몰랐고 결국 울다 잠이 들었다. 일어나고 나서 다시 생각해보니 동윤에 대한 실망감이 크게 느껴졌고 동윤과 자신의 상황을 한번 되돌아보았다. 생각해보니 자신은 동윤에게 너무 헌신하는 것을 느꼈고 동윤이 예전만큼 자신을 배려해주지 않는다는 것도 느꼈다. 동윤이 변한 것 같아 은하는 걱정이 되었고 자신의 잘못이 무엇이 있었는지 생각해보았다. 그러나 은하는 자신이 무엇을 잘못한지 알지 못하였다. 아니, 자신의 잘못도 알기는 하였지만 자신의 잘못보다는 상대의 잘못이 더 크다고 느껴서 자신은 잘못이 없다고 생각하였다. 결국 은하의 분노는 억제하지 못하였고 다음날 동윤에게 카페로 오라고 이야기하였다.

　은하는 카페에 먼저 와서 동윤을 기다렸고 동윤은 약속시간에 딱 맞추어 왔다. 그리고 오자마자 동윤은 능청스럽게 은하에게 말하였다.

　"아팠다면서요. 누나, 괜찮아졌나보네?"

　"어. 그럭저럭 괜찮아졌어. 동윤아 근데 나 너한테 할 말 있는데…"

　"뭐요? 얘기해 봐요. 들어줄게요."

　은하는 뜸을 드렸다 어디서부터 어떻게 이야기 할지 고민하였고 결국 벌어지지 않던 입을 겨우 열어 동윤이에게 말하였다.

　"동윤아. 나 요즘 너한테 조금 많이 실망하는 것 같아. 예전만큼 나를 챙겨주지도 않는 것 같고, 맨날 니가 하자는 대로만 하자고 하고… 너 변한 것 같아."

　동윤은 은하의 말을 듣고 눈을 감고 속으로 생각하였다. '예전의 나였다면 여기서 바로 사과를 하고 져주겠지. 근데 이제는 그러기가 싫다.' 동윤은 생각을 마치고 은하에게 이야기하였다.

　"누나, 누나가 이렇게 하라며, 나보고 맨날 져주지 말라면서요. 그래서 그렇게 했더니 이제는 다시 예전처럼 해줘요? 어느 장단에 맞추라는거야 진짜."

은하는 동윤의 말을 듣고 놀랐다. 솔직히 은하는 동윤이 사과를 할 줄 알았고 은하는 동윤이 사과를 한다면 용서할 준비가 되어있었다. 그러나 예상외의 동윤의 말에 은하는 놀랐고 더욱 더 화가 났다. 그래서 은하는 흥분을 감추지 못하고 동윤에게 말하였다.

"동윤아 뭐라고? 아니 내가 이렇게 하라고 했단 말이야? 난 니가 너무 힘들다고 지친다고 하길래 조금 편하게 하라는 뜻이었지 이렇게 완전히 바꿔라는 뜻은 아니었잖아. 너 진짜 너무한다. 정말 왜 그러니?"

"왜 그러냐고요? 하… 나만 또 나쁜 사람 만드네… 그리고 너무한 건 누나 아니에요? 내가 지금까지 누나한테 맞춰주고 배려한 게 어느 정도인데 나보고 너무하다는 소리가 나와요?"

둘은 더욱 언성이 높아졌다. 그리고 서로에게 상처 되는 말을 하였다.

"솔직히 누나 처음 봤을 때부터 별로였어요, 자기 만족하겠다고 남의 감정 따위는 생각하지도 않고, 그거 진짜 안 좋은 거예요. 몰라요?"

은하는 동윤의 말에 상처를 받았고 동윤은 여기서 그치지 않았다.

"첫인상 보고 '이사람 정말 이기적이겠다.' 생각했는데 혹시나가 역시나였네. 에휴."

은하는 동윤의 말에 상처를 받고 충격을 받아 눈물이 흘렀다. 그러나 동윤은 그녀의 눈물을 보고는 달래주기는커녕 오히려 짜증이 났다.

"또 울어요? 하. 달래줄까요?"

은하는 그런 동윤의 반응에 실망을 하였고 동윤에게 있던 정이 다 떨어져버렸다. 은하는 눈물을 그치기 위해 억지로 진정하였고 진정이 되자마자 동윤을 똑바로 쳐다보며 동윤에게 말하였다. 이때 동윤은 정말 지친사람의 표정을 하고 있었다.

"동윤아, 아니 김동윤, 뭐라고? 내가 나 만족하자고 남의 감정은 생각도 안 해? 이기적이야? 너는 뭐 안 그런 줄 알아? 너는 항상 남 생각만 하냐고 너도 똑같아 너는 다른 것 같지? 너도 나랑 다를거 하나도 없어. 이제 너에게로 향했던 정 다 떨어져서 니 얼굴 보기도 싫다. 우리 그냥 헤어지자 앞으로 연락도 하지 말고 길가다가 만나도 아는 척 하지 마."

은하는 동윤에게 말을 한 뒤 일어나서 카페를 나갔다. 그렇게 그날이 동윤과 은하의 마지막 날이었다. 그렇게 서로는 어제까지만 해도 사랑하는 연인이었지만 지금부터는 전혀 모르는 남남 사이가 되었다. 그래도 서로 불편하지는 않았다. 은하는 동윤을 생각조차 하지 않았고 그를 그리워하지 않았다. 동윤 역시 은하를 보고 싶어하거나 그런 감정은 들지 않았다.

동윤은 다시 도서관에서 시간을 보냈다. 은하가 없으니 책에만 온전히 집중할 수 있었고 그녀가 없어서 더 편하다는 마음을 갖게 되었다. 하지만 동윤은 지금까지 알지 못했던 사랑이란 감정을 그녀에게서 배우게 되었고 사랑을 배움과 동시에 외로움도 배우게 되었다. 동윤은 외로움 이라는 감정을 처음 느꼈다. 세상에 혼자 있는 것 같은 기분이 들고 마음 한쪽이 쓸쓸하였다. 그럴 때마다 동윤은 책을 더 가까이 하였다. 책을 손에서 놓지 않았고 시간이 날 때면 다른 생각이 들지 못하게 책을 읽었다. 그렇게 동윤은 책을 자신의 감정에서부터 도피하기 위한 수단으로 사용했다. 동윤의 외로움은 그리 오래가지 않았다. 한달정도 지나니 동윤은 은하를 그리워하지 않았고 다시 은하를 만나기 전과 같은 마음을 가졌다. 그렇게 시간이 흐르고 동윤은 2학년이 되었다.

2학년이 된 동윤은 정신적으로나 육체적으로나 많이 바쁘게 되었다. 그는 1학년 때 소홀히 한 학업에 집중하였고 학업에 집중하다보니 자신의 미래가 걱정되었다. 그는 더 이상 책을 읽지 않았다. 아니, 책을 읽을 시간이 부족하였다. 학교에서는 학업에만 집중하였고 집에 와서는 자신의 미래에 대해 걱정하다가 잠이 들었다. 그렇게 동윤의 2학년은 빠르게 흘러갔다. 동윤은 국어 수행평가를 하기위해 오랜만에 도서관에 들렸다. 동윤은 익숙함 보다는 이유모를 어색함을 느꼈고 자신이 필요한 책을 대출한 뒤 빠르게 도서관을 나왔다. 그렇게 동윤은 도서관과도 멀어져있었다.

　빠르게 2학년이 흘렀고 어느새 겨울방학이 다가왔다. 동윤은 시간적 여유가 생겼지만 이제는 책을 읽지 않았다. 그는 마음의 여유가 필요할 때면 귀에 이어폰을 꽂고 음악을 들으며 산책을 하였다. 그때 누군가 동윤의 어깨를 치며 동윤에게 말을 걸었다. 동윤은 귀에 꽂혀있던 이어폰을 빼고 뒤를 돌아 자신에게 말을 건 사람을 쳐다봤다. 동윤의 앞에는 동윤보다 어리게 생긴 여자아이가 서있었다. 그리고 그 여자아이는 동윤에게 말하였다.

　"저기… 마음에 들어서 그런데 번호 좀 주세요!"

　동윤은 고민하였다. '번호를 달라는 것은 나에게 관심이 있다는 것인데…' 순간 동윤은 은하가 떠올랐다. 그리고 그녀와의 추억 탓에 사랑을 시작하는 것이 두려워 번호를 주지 않으려 하였다. 하지만 머릿속에서 은하를 잊고 싶은 마음에 더 컸기에 동윤은 번호를 주었다.

　동윤과 여자아이는 그날 밤 서로에 대한 많은 이야기를 나눴다. 동윤은 그녀에 대한 많은 것을 알게 되었다.

　'그녀의 이름은 이혜지, 그녀는 나보다 한 살 어리고 나와 같은 학교에 다닌다.'

　나는 그녀와 늦은 시간까지 연락을 하였다. 그리고 그녀를 재운 뒤 혼자 생각을 하였다. 그런데 아직 나의 마음속에는 은하라는 여자가 있는지 자꾸만 은하가 생각이 났다. 그녀를 잊고 싶지만 불쑥 불쑥 튀어나오는 그녀와의 추억 때문에 잊기가 더욱 힘들었다. 나는 예전에 책에서 이런 구절을 읽었다. '사랑했던 사람을 쉽게 잊는 방법을 알려드릴까요?　다른 사람을 만나세요. 사람은 사람으로 잊는 것이 가장 쉬운 방법이랍니다.' 나는 이 구절이 생각났고 혜지와 더욱 가까워지고 싶었다. 그 다음날 혜지와 나는 카페에서 이야기를 나눴고 알고 보니 혜지는 예전부터 나에게 관심이 있었다는 것을 알게 되었다. 그리고 나는 그런 혜지에게

다가가고 싶었다.
"혜지야, 너 혹시 나 좋아하니?"
나는 아무 생각 없이 돌 직구를 날렸다. 그때는 몰랐는데 지금 생각해보니 돌직구였었던 것 같다. 혜지는 얼굴이 벌게지며 나에게 말하였다.
"오빠.. 제가 그렇게 티냈는데 물어보시면 어떡해요. 부끄럽게…"
혜지는 부끄럽다는 듯 몸을 베베 꼬았고 나는 그런 모습이 귀여워 혜지의 옆자리에 앉아 혜지를 가볍게 안아주며 그녀에게 속삭였다.
"그럼 오빠랑 사귀자. 우리 오늘부터 1일이다."
혜지는 깜짝 놀라 눈을 크게 뜨고 나를 쳐다보았다. 나는 그런 혜지에게 가벼운 미소를 보내주었고 혜지는 내 품에 고개를 파묻었다. 그리고 고개를 끄덕였다.
나는 혜지와 행복해지고 싶었다. 아니, 행복해서 더 이상 은하가 생각나지 않고 싶었다. 나는 혜지와 행복한 연애를 하였다. 커플티를 입고 데이트도 하였고 공원에 도시락을 싸서 피크닉도 갔다. 혜지는 음식을 정말 잘했다. 피크닉 도시락도 정말 예쁘게 잘 만들었다.
"혜지야 너 음식 진짜 잘한다, 완전 예쁘네~"
"아이… 오빠 부끄럽게… 많이 먹어요!"
나는 혜지와 행복한 연애를 하였다. 서로에 대한 불만도 없었다. 나와 혜지는 취향이 비슷해서 의견 충돌도 별로 없었다. 그런데 혜지는 책을 좋아했다. 그래서 나에게 이런 말을 한 적이 있다.
"오빠 책 좋아해요? 전 책 진짜 좋아하거든요. 제가 재밌는 책 소개 해드릴테니까 언제 한번 도서관 데이트 한번 할까요?"
나는 혜지의 말을 듣고 그날 하루 동안 고민이 되었다. '내가 그토록 좋아하던 책을, 지금은 신경도 쓰지 않고 살고 있구나.' 내가 변해버린 것을 나도 느꼈다. 물론 책을 좋아했던 성향이 바뀐 것을 깨달았다. 그 외의 것은 이때는 아직 깨닫지 못하였다.

　내가 하고 싶다고 했던 것은 혜지는 전부 다 하자고 하였다. 커플티를 입자고 한것도 내가 제안한 것이었고 피크닉을 가자고 한 것도 내가 제안한 것이었다. 혜지는 그저 나의 제안에 따라올 뿐이었다. 혜지는 자신의 불편을 감수하면서 까지 나에게 맞춰주었다. 매운 것을 잘 먹지 못하면서도 내가 매운 짬뽕이 먹고 싶다고 하니까 같이 가자고 하였고, 영화보다 연극을 더 좋아하지만 내가 영화를 보자고 할 때면 항상 좋다고 하였다. 이렇게 혜지는 나에게 모든 것을 맞춰주고 있었다. 하지만 나는 혜지에게 맞춰주지 못하였다. 아니, 이제 와서 생각해보면 맞춰줄 수 있었는데 내가 안 맞춰준 것 같다. 혜지가 같이 대학탐방 캠프에 함께 신청하자고 하였을 때 나는 '귀찮게 굳이 그런델 왜 가?' 라고 하였고 혜지가 시내에 있는 방탈출 카페에 가고 싶어 하였을 때 나는 '에이… 너무 비싸다~' 라고 하며 혜지의 제안은 모두 거절하였다. 나는 사실 도서관 데이트도 거절하였다. 이제는 도서관에 가기 싫었다. 예전과는 달라진 내 모습 탓인지 아니면 이유모를 생각 때문에 도서관에 가는 것이 싫어졌다. 내가 혜지의 제안을 모두 거절할 때마다 혜지는 밝게 웃으며 나에게 말하였다.

　"괜찮아요, 오빠! 그럼 오빠 뭐 하고 싶어요? 오빠 하고 싶은건 저도 다 하고 싶어요! 우리 뭐할까요? 오빠가 정해주세요~"

　나는 그런 혜지가 좋았다. 나는 가만히 있어도 나에게 모두 맞춰주는 그런 혜지가 좋았다. 혜지의 불편은 생각하지 않았다. 다만 나와 함께 있을 때 혜지의 표정이 밝아보여서 혜지도 좋아하는 줄 알았다. 아니, 그렇게 알고 싶었다.

　시간이 흘러 나는 대학생이 되었다. 혜지는 고등학교 3학년이 되었다. 우리는 신기하게도 연애를 하면서 단 한 번도 싸우지 않았다. 아마 그 이유는 나는 혜지에게 불만이 없었고 , 생길수도 없었고, 혜지는 자신이 가지고 있는 불만을 혼자서 해결하려 했기에 우리는 단 한 번도 싸우지 않았다. 그렇게 나만 편한 연애를 계속 하였다.

그러던 어느 날 혜지에게 전화가 걸려왔다. 혜지는 평소와는 다른 말투로 나에게 말하였다.

"잠깐 얼굴 좀 봐요 오빠. 할 말이 있어요."

나는 쎄한 분위기를 느꼈지만 별 일 없을 거라 생각하고 편한 마음으로 혜지를 보러 나갔다. 혜지는 말이 없었다. 나는 그녀와 손을 잡고 산책을 하였다. 그러다가 그녀와 동네 정자에 앉았다. 그리고 혜지가 나에게 말하였다.

"오빠, 그동안 정말 좋기는 했는데… 전 오빠를 감당할 그릇이 안되나봐요. 네 맞아요. 헤어지자는 얘기 맞아요. 그동안 고마웠어요, 오빠."

혜지는 말이 끝나고 일어나서 걸어갔다. 나는 그런 혜지를 잡지 못하였다. 아니 안 잡았다. 솔직히 혜지를 사랑했는지도 잘 모르겠다. 그냥 혜지는 나에게 헌신하는 한명의 사람이었고 나는 그런 혜지를 함부러 대하는 사람이었다. 뒤를 돌아 걸어가는 혜지가 다시 돌아와 나에게 이야기하였다.

"그리고 오빠, 다음에 다른 사람 만날 때는 자신의 감정만 생각하지 말고 다른 사람의 감정도 좀 생각해줘요. 오빠는 편할지 모르겠지만, 다른 사람은 정말 힘들어요."

혜지는 이 말을 마지막으로 나에게서 떠나갔다.

나는 혜지의 말을 듣고 그날 밤 잠을 자지 못하였다. 혜지에 대한 미안함과 나 자신이 이기적인 사람이 되었다는 확신에 잠을 자지 못하였다. 다시금 은하가 생각이 났다. 은하와 처음 만날 때 나는 혜지처럼 상대방에게 모든 것을 맞춰주는 사람이었다. 그런데 어느 순간 나는 은하를 닮아갔고 나는 그것을 몰랐다, 아니 알고 있었다. 그러나 변하기 싫었다. 나도 편하게 살고 싶었다. 남의 생각은 하지 않으면서. 이런 생각을 가지고 살다보니 혜지를 만나서도 나는 은하의 모습을 하고 있었다. 나는 나의 변한 모습에 놀라 눈물을 흘렸다. 그러나 그 눈물은 아무 의미가 없는 것이었다. 나를 사랑하던 사람들은 모두 떠나갔고 나는 이기적인 사람이 되었다.

   은하는 새로운 남자친구를 사귀었다. 동윤과 헤어지고 한 달 만에, 은하의 새로운 연인은 감정조절을 잘 하는 사람이었다. 그는 은하의 감정까지 조절해주며 은하에게 남을 배려하는 법을 알려주었고 은하의 이기심은 언제 있었냐는 듯 사라졌다.
   혜지는 동윤과 이별하고 도서관에서 책과 함께 시간을 보냈다. 학업을 멀리하고 책을 가까이하여 대학교에 진학 하지 않았다. 그녀는 아르바이트와 계약직 근무를 하다가 좋은 남자를 만나서 결혼하여 행복한 삶을 살았다. 혜지의 남편은 대기업에 높은 자리에 있는 사람이었고 사람을 거느릴 줄 아는 사람이었다. 그는 혜지의 문제점을 잘 파악하였고 고쳐주었다. 그렇게 혜지의 마음속 상처까지 치료해주었다.
   마지막으로 동윤은 외톨이가 되었다. 그는 자신의 변한모습에 큰 충격을 받아 우울증에 시달렸다. 동윤은 술을 자주 마셨다. 처음에는 힘들어서, 그 뒤부터는 습관처럼 마셨다. 그렇게 알코올중독자가 되었다. 그의 인생은 파멸하였고 그는 혼자가 되었다.

# 섬마을 연가(戀歌)

강 동 훈
(경북하이텍고등학교 3학년)

◆ 줄거리

　전라남도 완도(莞島)에서 조금 떨어진 보길도(甫吉島)의 포구에선 초등학교 6학년인 호석과 그 또래 아이들의 물놀이가 한창이다.
　그 아이들 틈에 있는 호석을 통해 주인공 박 씨와 최 씨의 현실이 드러난다.
　호석의 친할머니 최 씨와 외할머니 박 씨는 오랫동안 한 집에서 함께 살고 있었다.
　그런데 갑자기 호석의 엄마 은숙이 보름 전에 갯가에 홍합을 따러 갔다가 그만 바다에 빠져 죽었다.
　초상을 치른 다음, 아빠 기훈은 육지에 나가고 없고 현재 집엔 젊은 시절 눈이 멀어 앞이 보이지 않는 최 씨가 몸져 누워있고, 외할머니 박 씨는 형 명석을 돌보고 있다.
　외동딸 은숙이 죽자 큰 충격에 빠졌지만, 사돈인 최 씨를 정성스럽게 돌보며 가족들의 재기(再起)를 돕는다.
　하지만 딸이 죽은 지 한 달도 채 안돼 사위 기훈은 육지에서 새 여자 장흥댁을 얻는다.
　장흥댁의 등장으로 박 씨와 큰 외손주인 명석은 살맛을 잃지만 최 씨는 차츰 안정을 되찾는다.

결국 박 씨는 집을 떠나 홀로 새로운 삶을 시작한다.
박 씨는 행복하게 잘 살 것만 같던 기훈과 장흥댁이 크게 싸워 결국 장흥댁이 집을 나갔다는 소식을 우연히 듣게 된다.
아이들은 굶기가 일쑤고, 최 씨가 사경을 헤매고 있다는 소식을 듣고 급히 발걸음을 돌린다.
박 씨는 극진한 간호로 최 씨를 살려냈고, 기훈과 장흥댁이 섬으로 들어오자 다시 떠나려고 한다.
기훈은 무릎을 꿇고 사죄하며, 박 씨에게 함께 살 것을 간절히 부탁한다. 최 씨도 박 씨에게 정 갈거라면, "죽은 은숙의 넋굿이라도 해주고 가라." 고 말한다.
최 씨의 말에 그동안의 서운함과 원망이 눈 녹듯 사라진다.
곧 죽은 은숙의 혼백(魂魄)을 위로하는 넋굿이 갯바위에서 열린다.
굿을 통해 최 씨와 박 씨, 가족들은 각박한 운명(運命)을 인정하고
내일의 희망을 향해 함께 걸어 나갈 것을 다짐한다.


◆ 등장인물
**박 씨(여 · 70대 초반)** - 무남독녀인 은숙의 친정어머니.
　　한동네에 시집을 보낸 은숙네집에 얹혀살면서 앞을 못 보는 사돈 최 씨를 돌보며 큰 걱정 없이 살았지만 딸 은숙이 죽자 오갈 데라곤 그동안 폐허로 방치된 빈 집 뿐이다.
　　연약한 내성적 여성형이지만 극한 상황을 맞게 되자 성격이 강해지고 독해진다.
**최 씨(여 · 70대 중반)** - 박 씨의 사돈. 젊어서 백내장 수술 후유증으로 앞을 못 본다.

며느리 은숙이 죽기 전까지는 사돈 박 씨의 수발을 받으며 살았지만, 며느리가 죽고 난 다음 아들이 새 며느리를 얻자 어떻게든 집안을 다시 일으켜야 된다는 의지뿐이다.

가볍고 남한테 지기 싫어한다.

좋고 싫음이 금방 드러나는 가벼운 성격.

**이기훈(남 · 40대 중반)** - 최 씨의 아들이자 박 씨의 사위.

보길도에서 낚싯배와 멸치잡이를 주로 하는 어부.

아내 은숙이 갑자기 죽자 앞을 못 보는 어머니와 두 아들을 지키기 위해서 마누라가 죽은 지 한 달도 안돼 새장가를 든다. 급하고 다혈질의 성격.

**이명석(남 · 중학교 3학년)** - 이기훈의 큰 아들.

사춘기에 어머니를 잃은 큰 슬픔에 빠져있다.

**이호석(남 · 초등학교 6학년)** - 이기훈의 작은 아들.

어머니를 잃었지만 아직 철이 없고, 본능에 따라 행동한다.

**장흥댁(여 · 40대 초반)** - 이기훈의 새 여자.

과부로 전남 장흥(長興)의 한 식당에서 일하다 인생을 새롭게 살아보려고 이기훈을 따라 섬으로 들어옴.

산전수전을 다 겪은 터라 성격은 괄괄하고 거칠다.

**은숙이(여 · 40대 초반)** - 박 씨의 외동딸이자 최 씨의 며느리.

이기훈의 아내로 홍합을 따러갔다 바다에 빠져 죽음.

그 외 구멍가게 주인 춘자, 홍철이, 홍철의 처, 초등학생들, 중학생, 백여사 등

◈ 때 : 1980년대 후반, 한여름
◈ 곳 : 전남 완도의 보길도 섬마을

### 1. 보길도 근처 바다 위(1980년대 후반, 한여름 오후)
(여객선, 보길도 근처 해상을 항해중이다. 아름다운 보길도의 해상풍광이 잠시 눈에 들어오고)

### 2. 보길도의 포구
(한여름의 땡볕이 쨍쨍 내리쬐는 섬마을 포구. 전남 완도에서 그리 멀지 않은 이 섬마을엔 산자락 아래 20여 채의 집들이 옹기종기 자리 잡고 있다. 물이 차오른 포구엔 여러 척의 고깃배들이 정박해 있다. 한 척의 배위에서는 초등학생으로 보이는 남자 아이들의 물놀이가 한창이다. 뱃머리위에서 풍덩풍덩 물속으로 다이빙하는 초등학생들. 그 가운데는 여자 팬티를 입고 있는 호석(남·초등 6년)도 보인다. 호석, 제법 폼나게 다이빙을 한다. 그런데 한참이 지나도 물위로 머리를 내밀지 않는다. 배위에 있던 아이1, 놀란 토끼눈으로)

아이1  (옆에 있는 아이들에게)어따야 호석이 쟈! 저거 어매 만치로 물귀신 된거 아닐꺼나?

(아이들, 저마다 겁먹은 눈빛으로 사방을 둘러보지만 좀처럼 물위로 호석의 머리는 떠오르지 않는다. 아이들, 불안한 기색으로 수근거리기 시작한다. 긴장된 시간이 얼마나 흘렀을까. 저만치 떨어져 있는 배 갑판위에 모습을 드러낸 호석, 손을 흔들며 우쭐한다. 아이들, 그제서야 안도의 한숨을 일제히 몰아쉰다.)

### 3. 방파제 근처 춘자네 구멍가게 앞
(물놀이 하던 아이들, 파라솔 그늘 아래 자리를 잡고 앉아 아이스크림 하나씩을 입에 물고 빨며 즐거운데 잠시 뒤 여자 팬티를 입은 호석, 손에 옷과 신발을 들고 나타난다. 호석, 아이들이 빨고 있는 아이스크림이 먹고 싶어 입맛을 쩝쩝 다시다가는)

호석　(아이1의 어깨를 툭 치며)야, 한입만 줘라!

아이1　넘 먹던 거 얻어먹으면 성, 입병 나!

호석　(머리를 굴리다가는)다 먹고 조금만 남겨주면 안될까?

(아이1, 대답 없이 헛바닥을 내밀고 쪽쪽 빨다가는 한입에 쏘옥 삼켜 버린다. 호석, 아이1을 야속하게 바라보다가는 이번엔 옆에 있는 아이2에게 다가가서는)

호석　!딱 한번만 빨아먹자!

아이2　니 돈 주고 사먹어 임마! 니가 뭐 거지새끼여?

호석　(비위가 상하지만 참고)딱 한입만 빨아 먹자고!

아이2　(대꾸 없이 신나게 빨다가는 입에서 꺼내 아이스크림에 침을 탁탁 뱉고서 건네며)아 나 이거라도 처먹을래?

(호석, 입맛이 싹 가셔서 친구들 곁에서 저만치 떨어져 앉아 풀이 죽어 앉아 있는데, 구멍가게 주인 춘자(여·40대), 밖으로 나오다가는 벌써 상황을 눈치 챘는지 아이스박스에서 아이스크림 하나를 꺼내 호석에게 건넨다. 호석, 이게 왠 떡이냐 싶어 싱글벙글 고맙게 받아들고 급히 포장지를 벗긴다. 그런데 아이스크림은 땅에 떨어지고 만다. 하지만 호석, 그걸 집어 묻어 있는 흙과 먼지를 혀로 핥아 뱉어낸 뒤 아이스크림을 쪽쪽 빨아댄다.)

춘자　(호석의 그 모습을 본 다음 한숨을 내쉬며)허이구 미친년! 저런 새끼를 놔두고 뒈지고 싶었을까 잉!

　　　(혀를 차며 가게 안으로 들어 가려다가는)호석아! 느네 할맨 일어났냐?

호석　어떤 할매? 우리 집엔 할매가 둘인디!

**춘자** 누가 이놈아 그걸 몰러! 느네 외할맨 너그 어매 살어서나 죽어서나 앞 못 보는 사돈양 반 똥오줌 다 받아 내고 있다는 건 세상천지가 다 아는 사실 아녀! 며느리 죽은 뒤로 머리 싸매고 드러누웠다는 너그 친할매 자리서 일어났냐고?

**호석** 헤헤 그 할맨 맨날 잠만 자는디!

**춘자** 아따 그려야! 그러면 너그 아버진?

**호석** 울 아빤 집 나간지가 오래 됐는데요.

**춘자** 누가 그걸 모르냐고? 너그 아버진 언제나 온다고 하더냥께?

**호석** 그걸 내가 어떻게 안당가! 그거야 울아빠 맘인께로 울아빠한테 직접 물어보제 워째 나한테 물어 쌌는가!

(호석의 말이 재미있는 듯 아이들, 일제히 하하하 웃는다. 호석도 덩달아서 웃는데, 아이스크림 빨 아 먹는 데만 온통 관심이 쏠려 있다.)

**춘자** (더이상 말을 묻지 않고 혼잣말)허이구 어서들 죽어야제… 며느리 앞서 보낸 시애미 나 딸년 잡아먹은 친정 어매나 이 징한 놈의 세상 더 살아서 뭐 하것어! (쓰레기를 줍 고나서) 그나저나 무남독녀 은숙이가 살아 있을 때야 딸네 집서 얹혀살았다지만, 앞 으로 기훈이가 어린 자식 둘에다 앞 못 보는 지 어매 땜시라도 서둘러 새장가를 들게 불을 보듯 뻔한 일인데, 어째야 쓸까 잉! 오갈데라곤 허물어진 빈 집 밖에 없는 은숙 이 어맨, 인자 참말로 어째야 쓸까 잉!(춘자, 뾰족한 대책이 없어 걱정인 모양이다.)

### 4. 최 씨네 집 안방

(허름한 재래식 가옥의 안방. 어둡고 침침한 방안에 선풍기가 돌아가고 있다. 방 한구석엔 요강이

놓여 있고, 아랫목엔 백발의 노인 최 씨(여·70대 중반)가 벽을 향해 누워 있는데 등뒤엔 삶의 고통이 진하게 배어 있다. 그 옆엔 역시 머리가 백발인 박 씨(여·70대 초반), 죽은 듯 미동도 없는 최 씨를 애타게 바라보고 있다가는)

**박 씨** 사돈떡! 어여 일어나서 미음이라도 한술 떠보란 말이요! 급살맞은 그 썩을 년이야 이 한여름에 푹푹찌는 땅속서 진작에 다 썩어 문드러졌을텐께 별 수 있것소만 아 산사람은 살아야 안 쓰것소!(설움 복받쳐 눈물 글썽)나도 참말로 쥐약이라도 목구녕에 털어넣고 세상 하직하고 싶은 생각이 하루에도 열댓번씩 나요만, 어린 손주새끼들 보고 있자면 그마저도 쉽들않코!(흐르는 콧물을 훔쳐 치마에 쓱쓱 문질러 닦은 다음)밥 숟갈 논지가 벌써 열흘이 다돼야가는데 이러다가 참말로 줄초상이라도 나면 그땐 어떡할라고 이러요?

(등을 흔들며 사정)산떡! 산떡! 얼렁 일어나서 미음이라도 한 술 떠보요! 나는 자식복도 지지리도 없고 산떡은 며느리복도 징하게 없는 팔잔갑다 생각하는 게 속이라도 안편하것소? 그랑께 죽은 년은 더이상 생각하덜 말고 여름 지나고 찬바람 나면 넋굿이나 한번 해서 고년 한풀이나 한번 해주고, 인자 그만 훌훌 다 털어버리고 사는 날까지는 살아 봅시다 그려! 나나 산떡이나 어차피 천하고 모진 인생이라 금방 잡아갈 팔자는 아닌께 아 몸뚱아리라도 성해야제! 안그래도 마누라 잃고 맨날 사공 없는 나룻배 마냥 어디 어느 바다로 뱃머리를 돌려야 할지를 몰라 허둥거리는 기훈이한테 짐이 되선 안될꺼 아뇨! 그리고 지애미 급살맞어 거지새끼나 진배없고 동네방네 눈치 구데기인 명석이 호석이 저 손주새끼들! 밥 한술 국 한 그릇이라도 남의 눈치 안보고 따뜻하게 먹이는 일을 인자 그 누가 하것소! 그일은 참말로 나나 산떡이 눈을 감는 그날까장은 하지않으면 안될 일잉께 얼렁 일어나 기력을 내야 안쓰것소!… 산

떡!… 산떡!…

(하지만 최 씨, 아무런 반응이 없다. 박 씨, 깊은 한숨을 내쉬고는 죽사발을 놓고 일어나더니 요강을 들고 밖으로 나간다.)

### 5. 최 씨네 집 마루

(마당 끝엔 화단과 돌담이 있는 일자형 기와집. 맨 왼쪽에 부엌이 있고, 방세칸이 연달아 있는데 그 방들은 마루로 연결돼 있다. 안방에서 요강을 들고 마루로 나온 박 씨, 마루에 걸터앉아 한쪽 켠에 간소하게 마련돼 있는 제청(祭廳)을 본다. 제청엔 죽은 딸 은숙의 영정사진이 걸려 있다. 40대 초반으로 보이는 은숙의 영정사진은 어미 박 씨의 아픈 속을 아는지 모르는지 빙그레 웃고 있는 모습이다. 박 씨, 그 사진을 보고 있자니 깊게 파인 주름 밑 눈가엔 벌써 눈물이 그렁그렁한데 빡빡머리에 힘깨나 쓰게 생긴 남자 아이가 가방을 메고 들어온다. 명석(남·중3)이다. 명석, 박 씨에게 인사를 하는 둥 마는 둥 가운데 방에 가방을 휙 던져 버리고는 집밖으로 나간다.)

**박 씨**　명석아 넌 또 어딜 가는 겨?
**명석**　(대답 없이 벌써 마당을 벗어났다)
**박 씨**　육지 나간 너그 아부진 무슨 연락이라도 왔다냐? 왔어 안왔어? 야! 이놈아 애비가 이 놈아 육지 나가서 몇날 며칠 깜깜 무소식인데 니 놈은 그래 걱정도 안된단 말이여?

(명석, 벌써 집밖으로 사라졌고, 박 씨, 가슴을 쓸어내리는데 통증이 심한 모양이다.)

### 6. 최 씨네 집 안방(밤이 늦은)

(박 씨, 여전히 벽을 향해 드러누워 있는 최씨를 극진히 간병한다. 팔다리 어깨를 정성껏 주물러 주는가 싶은데 이내 꾸벅꾸벅 졸고 있다.)

**명석이(소리)** 너 이 새끼 변태여?

### 7. 최 씨네 집 아이들 방

(명석, 호석을 노려보며 앉아 있고 호석, 아까 물놀이 할때의 그 여자 팬티만 걸치고 잠자리에 들어가며)

**호석** 내가 변태면 성은 왕변태게?
**명석** (멱살을 틀어쥐고)뭐가 어쩌고 어째야, 왕변태?
**호석** (힘겹게 멱살 풀어내고는)성도 여자반질 차고 댕김서 그냐?
**명석** (손가락에 낀 반지를 보고)이건 임마 엄마꺼여!
**호석** (드러누우며)이 팬티도 엄마껜께 똑같네 글먼!

(명석, 할말이 없는지 드러누우며 이불을 확 뒤집어 쓰고는)

**명석** 불이나 꺼 임마!
**호석** (불끄고 와서 눕더니)근데 성, 참말로 이상하단말여?
**명석** ……
**호석** 성은 어째 성질은 아빨 닮았는데 이불 뒤집어쓰고 자는 건 어째 엄마하고 똑같냐? 성, 자는겨? 안자면 내말 좀 들어 볼래? 나도 참 헷갈리는 게 하나 있는데…응 사람들이 그러는데 이참에 아빠가 육지에 나간 건 새엄마 얻으러 간거라는데 고게 맞는 얘기여 틀린 얘기여?

**명석** (벌떡 일어나 호석의 멱살을 틀어쥐며)뭐시 어쩌고 어째 임마? 야! 새꺄! 누 누가 그런 소릴 하데? 응!?

(명석, 주먹으로 호석의 얼굴을 금방이라도 후려칠 자세다.)

### 8. 방파제 근처 춘자네 구멍가게 안마당
(나무 생선 궤짝에서 쏟아지는 싱싱한 생선들. 그 가운데는 큼지막한 홍어도 들어 있다. 궤짝에서 생선을 쏟아낸 춘자, 쪼그려 앉아 식칼로 홍어를 손질하기 시작한다. 잠시 뒤, 마당에 박 씨가 나타난다.)

**춘자** (칼질 멈추고)약 땜시 왔능가 본데 워전당가 읍내 한약방서 아까 전화왔는데 낼 막배로나 보낸다 하데요.

(박 씨, 마당 평상에 걸터앉더니 흉통이 느껴지는지 가슴을 쓸어내리자 춘자, 그 꼴을 보고는)

**춘자** 쌈짓돈 그만 털어가꼬 사돈양반 보약해먹일 생각하지 말고 그 돈으로 어매 병원이나 얼릉 댕겨오소! 심장병 그거 냅뒀다간 어매 정말 큰일난당께!

(춘자, 열이 받는지 칼로 홍어를 탁탁 내리치며)

**춘자** 허이구 미친년! 암만혀도 고년이 돈에 환장을 한거제! 대관절 홍합을 따서 지가 몇푼이나 벌겠다고 갯가에 나가서 그꼴을 당했을까 잉!

### 9. 최 씨네 집 마루

(마루 제청에 놓인 은숙의 영정사진. 사진 속의 은숙은 빙그레 웃고 있는데, 그 앞엔 놓인 수북한 밥그릇엔 파리 떼들이 달라붙어 있다. 잠시 뒤 마당으로 들어 온 홍철(남·40대 중반), 토방에 서서)

**홍철** (문이 열린 안방을 향해)어머니! 어머니 안에 계쇼! 저 홍철입니다. 어머니!

(대답이 없자, 마루로 기어올라 방안을 들여다보더니 신발을 벗고 안방으로 들어간다.)

### 10. 마을 뒷편 산기슭의 밭

(박 씨, 따가운 뙤약볕 아래 밭고랑 사이를 헤집고 들어가서 풋고추와 호박을 따고 있다. 흙투성이가 된 얼굴엔 구슬땀이 흐른다.)

**최 씨(소리)** (기운 없는) 명석아!

### 11. 최 씨네 집 마루

(최 씨, 열려있는 안방 문에 머리를 내민채)

**최 씨** (기운이 없이)명석아! 호석아! 호석아!

(아무 대답이 없자, 최 씨, 마루로 나오는데 앞을 못 보기에 손으로 더듬거리면서 조금씩 앞으로 전진하는 모습이 불안한 모습이다. 최 씨, 오랫동안 자리에 누워 있어서 그런지 위치감각이나 균형감각도 크게 떨어져 보인다. 어느새 제청 가까이 접근한 최 씨, 손으로 더듬거리다가 그만 밥그릇을 밀친다. 마루 밑 토방으로 떨어진 밥그릇은 뒤집어져 밥알이 흩어진다. 최 씨, 그 소리에 깜짝 놀라 동작을 멈춘다. 이때 박 씨, 고구마순과 호박 등을 묶은 다발을 머리에 이고 마당으로 들어오다가는)

**박 씨** (최 씨를 보고 놀라 달려오며)아니 산떡! 산떡! 괜찮으요?

최 씨  (얼굴이 굳어진 채 꼼짝달싹을 안한다)

박 씨  (최 씨 손을 붙잡고 살갑게)측간 갈라고 그러요? 아 요강은 안방에 있는데 뭣하러 여 까장 나왔소?


(최 씨, 대답없이 얼굴을 돌린다.)


## 12. 최 씨네 집 안방
(박 씨, 목욕을 마친 최 씨의 옷을 입혀주며)

박 씨  (기분이 좋아)이렇게 산떡이 일어나서 기운을 차링께로 아 목구녕에 걸린 고기 까시 가 쑥 빠진 것 마냥 시원하고 후련하요 참말로!(손을 꼭 잡으며)산떡! 우리가 살면 얼 마나 살것소만 기왕 일어났웅께 기력을 내고 명석이, 호석이 고놈들 땜시라도 참말 로 악착같이 살아 봅시다 잉!


(최 씨, 아무런 대꾸없이 옷입는 것을 박 씨 손에 맡긴다. 최 씨의 옷을 다 입혀 준 박 씨, 일어나서 구정물이 담긴 세수대야를 마루로 내는 등 목욕이 끝난 방안을 정리한다. 그런데 최 씨는 어느새 머리에 머릿기름을 바른 다음, 안경을 찾아 끼고 옷매무새를 고치느라 손놀림이 바쁘다. 그러자 박 씨, 최 씨의 행동이 뭔가 이상하다는 걸 느끼고는)


박 씨  산떡! 집에 누가 오요? 어디 갈라요?


(최 씨, 대답이 없고 박 씨, 이상한 듯 고개를 갸우뚱거린다.)

## 13. 최 씨네 집 마당 수돗가

(박 씨, 구정물이 담겨있던 세숫대야 등을 정리하고 요강마저 헹군 뒤 그 물을 마당에 뿌리는데 집 안으로 들어서던 춘자, 물벼락을 맞는다)

**춘자** (요강 물을 뒤집어쓰고 속상해서)아이고 어매 이게 무슨 날벼락이당가 잉! 이거 오줌 아녀?

**박 씨** (무안하지만)무슨 오줌이여, 요강 헹군 물이제!

**춘자** (옷에 묻은 물 냄새를 맡아 본다)

**박 씨** 자발도 시럽다! 요강 헹군 물이랑께 그러네 참말로! 근데 가게 비워놓고 여까장 워쩐 일여? 약은 언제와?

**춘자** (안방 눈치를 살피면서)어맨 알고 있는가?

**박 씨** (영문 몰라 보면)

(춘자, 박 씨에게 귓속말로 뭔가를 귀띔해주는데 박 씨의 표정이 점점 굳어진다.)

**박 씨** (기가 막혀)누가 그러디 잉? 누가 고런 소리를 하더냥께?

(춘자, 다시 귓속말을 전하고, 요강을 잡고 있던 박 씨의 손 부르르 떨리고, 사기요강, 수돗가에 떨어져서 박살난다. 이때 멀리서 들려오는 여객선 기적소리!)

### 14. 여객선 선착장
(정박한 여객선에서는 승객들이 하선하는데 피서객과 학생, 그리고 마을사람들이 뒤섞여 있다.)

### 15. 최 씨네 집 마루

(박 씨, 마루에 걸터앉아 있는데 맥이 풀려 거의 죽을상이다. 그런 박 씨의 등뒤로 문이 열려 있는 안방에서 최 씨, 얼굴을 내미는데, 누군가를 초조하게 기다리는 모양이다. 이때 명석이가 마당으로 들어온다. 최 씨, 금세 인기척 소리를 알아듣고 더듬더듬 마루로 나와)

**최 씨** 아가 누구냐?
**명석** (짜증스럽다는)나여, 명석이!
**최 씨** 아가 명석아! 너 선착장에 좀 나가보니라!
**박 씨** (말 가로막고)선착장엔 뭣하러 나가? 지 애미 죽은 지 스무날도 안된 손주새끼한테 새 며느리 마중 나가라고!
**명석** (영문을 몰라)새 새 며느리라니, 할머니 그 그게 무슨 말이여?

(박 씨, 흥통이 심해서인지 대답을 못하고 가슴을 짓누르는데 영문을 모르는 명석, 최 씨와 박 씨의 얼굴을 번갈아 본다. 이때, 입에 아이스크림을 문 호석, 큰 가방을 둘러메고 싱글벙글 마당으로 들어온다.)

**호석** (즐거운)할매!
**최 씨** 호오 호석이냐?
**호석** (마루에 가방 내려놓으며) 어이 할매 난디, 있는가 잉! 아빠가 어떤 아줌말 데리고 오던디!

(최 씨, 더듬더듬 마루 끝으로 다가 앉으며)

**최 씨** (명석이의 손을 잡고)아가, 어디만치 오더냐 시방?

명석  (최 씨의 손을 뿌리치지 못하고 한숨만 내뱉는데)
최 씨  아가 어떻게 생겼디? 그 여자 인상은 괜찮여?
명석  (더이상 참지 못해 손을 뿌리치고 일어서며)어따 그걸 내가 어떡게 안다고 이러는가! 호석이한테 직접 물어 보랑께!

(박 씨, 최 씨의 일거수 일투족에 심기가 뒤틀린다. 이윽고 마당에 구릿빛 얼굴에 힘이 좋게 생긴 기훈(40대 중반)과 세파에 찌들대로 찌들어 산 듯한 장흥댁(여 · 40대 초반)이 나타난다. 기훈과 장흥댁을 맞이하는 박 씨와 명석, 기가 차서 입이 다물어지지 않는다.)

### 16. 최 씨네 집 뒤뜰 화덕 앞(초저녁)

(박 씨, 연기가 모락모락 피어오르는 화덕안의 불을 지켜보고 있다. 호석이 입고 있던 그 은숙의 팬티에 불이 붙어 타오른다. 하염없이 훌쩍거리는 박 씨의 등 뒤로 안방의 뒷문을 통해 최 씨와 장흥댁의 상견례 소리가 들려온다.)

최 씨  아가 참말로 딸린 자식은 없냐?
장흥댁  야, 어머님!
최 씨  이날 이때껏 혼자 살았고만?
장흥댁  그렇게 됐구만요. 근데 어머닌 어디 특별히 아픈덴 없는 갑소 잉!
최 씨  난 아직 괜찮여야 그것도 무슨 복이라고 속병은 없단 말이다! 아따 근데 참말로 손도 참 매끈허고 이쁘다야!
호석  (참견)어따 할맨 참말로 거짓말도 잘한당께. 눈도 안보임서 이 아줌마 손이 이쁜지 안이쁜지 할매가 어떻게 알어?
기훈  (버럭)이 자식이 이거 버르장머리 없이!

**최 씨** 아따 냅둬라! 갸말이 틀린말은 아니고만 그려. 호석이 말마따나 내가 눈이 안보이는데 새애기 손이 이쁜지 발이 이쁜지 어떻게 알것냐! 허허허허!

(안방에서 들려오는 흐드러지는 웃음소리들. 화덕 앞에 쪼그리고 앉아 있는 박 씨, 밀려오는 서러움을 견디기엔 현실이 너무도 힘겹고 벅차다. 그렇지 않아도 화덕에서 나오는 연기 때문에 박 씨의 얼굴은 눈물과 콧물로 범벅이 되가는데…. 화덕 안에선 그 은숙의 팬티, 이미 다 타서 재가 돼 무너지고 무너지고, 다른 여자 옷에 불이 붙어 활활 타오르기 시작한다.)

### 17. 몽타쥬
- 화덕 속의 그 옷을 입고 밭에서 억척스럽게 쇠스랑질을 하는 은숙
- 화덕 속에서 점점 타들어가는 옷
- 갯벌에서 일을 하던 은숙
- 화덕 속에서 점점 타들어가는 옷
- 뱃일을 하던 은숙
- 화덕 속에서 점점 타들어가는 옷
- 갯바위에서 박 씨에게 소주 한잔을 강제로 먹이는 은숙
- 화덕 속에서 점점 타들어가는 옷
- 갯바위 매달려 홍합을 따던 은숙
- 화덕 속에서 점점 타들어가는 옷
- 바다에 빠진 은숙
- 화덕 속에서 점점 타들어가는 옷
- 박 씨와 아낙들, 발만 동동 구르지만 죽어서 떠내려가는 은숙
- 화덕 속에서 거의 다 타고 재가 돼 무너지는 옷

### 18. 최 씨네 집 뒤뜰 화덕 앞
(화덕 앞에 앉아 박 씨, 손으로 콧물을 훔쳐 땅에 쓱쓱 문질러 닦는 박 씨의 등 뒤로 다시 들려오는

안방의 소리들.)

**장흥댁**  긍께 갯바위로 홍합을 따러 갔다가 그 변을 당했구만요?
**최 씨**  그짓 안하고도 먹고 살만한디 뭣하러 갈 것이냐! 홍합 따서 팔아서 얼마나 벌겠다고! 죽을라고 그랬단 말이다. 죽을라고! 귀신이 불러내서 죽으러 간 것이여, 필시!

(박 씨, 화덕의 불을 부지깽이로 휘젓는 참인데 명석, 어느새 다가와 서 있다. 박 씨, 옷소매로 눈물을 훔치고서 명석을 보면, 명석 역시 눈에 눈물이 가득 차 있다. 박 씨와 명석, 화덕 앞에 쪼그리고 앉아 타들어가는 은숙의 유품을 들여다보는데…)

**호석**  (급히 뛰어와서) 할매! 아빠가 들오라는디!
**박 씨**  (황당)대관절 무슨 일로?
**호석**  들어와서 절 받으래요! 저 아줌마!

(그 말에 박씨, 분통이 터져서 부지깽이로 호석의 종아리를 때리며)

**박 씨**  이 썩을 놈의 새꺄 날 더러 누구 절을 받으라는 것이여 잉!
**호석**  (부엌으로 내빼며)아따 왜 나한테만 그러는가! 혹시 할매 노망한거 아녀?
**박 씨**  (부지깽이를 호석을 향해 휘저으며)그려 이놈아. 노망했다! 이 할매 노망했다고!

(울분을 참을 수 없는 박 씨, 울고 있는 명석을 끌어안고 등을 다독거리면서 뭔가 비장한 각오를 다진다.)

**19. 마을 인근의 자갈밭(점심때)**

(수영복 차림의 호석과 아이들, 무슨 시합을 하고 모양이다. 아이1, 손에 하얀색 사금파리 한 조각을 쥐고는)

**아이1** (시합에 나선 호석과 아이2에게)자, 하나! 두울! 셋!

(아이2, 사금파리를 바다를 향해 멀리 던진다. 호석과 아이2, 물속으로 뛰어 들어 사금파리가 떨어진 지점까지 헤엄을 쳐서 다가간다. 먼저 그 지점에 도착한 호석, 여러 차례 자맥질을 한 끝에 하얀색 사금파리를 찾아 물 밖으로 내민다. 아이들의 와!~ 하는 함성소리가 터진다.)

### 20. 춘자네 구멍가게 앞

(아이스박스로 우르르 달려드는 아이들. 폼을 잡고 서 있는 호석에게 아이1, 아이스크림을 갖다주고 한 아이는 앉으라며 의자를 대령한다. 호석, 의자에 앉아 아이스크림 포장지를 벗기면서)

**호석** (아이2에게)얌마 뭣혀! 얼릉 들어가서 계산하덜안코!

(아이2, 입을 썰룩거리면서 가게 안으로 들어간다.)

**아이1** 성 그 약속은 꼬옥 지킬거제!
**호석** 약속!?
**아이1** 언젠가 그랬잖여! 국가대표 수영선수 돼가꼬 올림픽 나가서 금메달 따면 그 금메달로 내 금이빨 해준다고! (빠진 이를 보이며)이히!

(아이들 한바탕 까르르 웃고, 호석, 아이2와 손가락까지 걸며 우쭐하는데, 아이2, 가게에서 나오면서 그 꼴을 보고는)

아이2  국가대표를 아무나 하는 줄 아는 갑제?

호석  음이 싹 가셔 노려보면서)

아이2  (아이들한테)너거들 생각으로는 말여. 수영을 돌고래보다 잘한다 해도 책도 제대로 못 읽고 맞춤법도 맨날 틀리는 선수를 누가 국가대표로 뽑아줄 것 같냐?

(그 질문에 아이들 키득거리고, 호석은 열이 받는데)

아이2  (가소롭다는 눈빛으로 호석에게)암마 저 술집여자 같은 뚱땡이 아줌마가 너거 새엄마냐?

호석  (또 무슨 말이냐는 듯 노려보면)

아이2  가게 안에 임마! 너그 아버지랑 홍철이 아저씨랑 술 먹고 있는데 거기 앉아 있는 쥐 잡아 먹은 거 맨치로 입술을 빨갛게 찍어 바른 저 뚱땡이 아줌마가 너거 새엄마냐고?

호석  (벌써 아이2의 멱살을 쥐고는)야 새꺄! 너 아까 뭐라했어! 술집여자!? 그 아줌마가 술집 댕기는 거 니 새끼가 봤어!?

아이2  (비웃으며)내가 언제 새꺄 술집여자라 했냐! 술집여자 같다고 했제! (아이들한테) 야들아! 내가 그랬냐 안그랬냐?

◆ 원고가 너무 길어, 다음 카페 [문학사랑 글짱들] '긴 글 전문 감상하기'에 '글 전체'를 등재하여 감상 기회를 마련합니다.

# 제 3 부
# 역대 대상 당선작품

제16회(2018년) ~ 제15회(2017년)

제16회 운문

## 그날의 뒷모습

정 준 서
(목포고등학교 3학년)

아버지와 함께한, 유년시절의 잊지 못할 새벽
아버지의 비린내 나는 손과
문틈 사이로 들려오는 파도소리와
문틈 사이로 불어오는 바다 냄새를
차마 잊을 수 없는 새벽
만물이 곤히 잠들어야 할 새벽이지만
그 시절의 새벽에는
아버지와 파도는 항상 깨어있었다.

언제나 달이 중천에 떠 있는 깊은 새벽이었다.
지치고 고된 몸을 힘겹게 일으키시면서
잠이 든 척 눈을 감고 있는 나를 흘끗 보며
호주머니에서 꺼내는, 꼬깃꼬깃 구겨진 지폐 한 장
홍어 냄새가 채 빠지지도 않은 지폐 한 장을

혹여나 내가 깰까
조심스레 내 머리맡에 올려두시고
조그마한 문 밖으로 살금살금 나가셨다.
유난히 커 보였던 아버지의 듬직한 뒷모습,
그날따라 유난히 슬퍼 보였던 쓸쓸한 뒷모습

그래, 그날 아버지는
파도 속에서 잠이 드셨지

바닷물에서 짠 내가 나는 이유는
아버지의 눈물이 섞여 있기 때문일까
심연 속에 갇혀서
아직도 눈물을 쏟고 계신 것일까
그의 거칠고도 부드러운 손을
비린내가 나는 향기로운 손을
다시 한 번 맞잡고 싶다,
그리워한다.

## 제16회 산문

# 사랑이라는 익숙함

안재은
(성지여자고등학교 2학년)

　우리는 어쩌면 친하지 않은 사람보다, 좋아하지 않는 사람보다 사랑하는 사람, 그리고 함께하고 싶은 사람과 더 많이 다툰다. 여느 날과 다르지 않은 날, 오늘도 난 여전히 나의 엄마와 그리고 가족과 아침부터 높은 소리가 난다. 나는 평범한 고등학생이고 다른 친구들과 같이 친구들과 함께인 것이 좋고 행복한 사춘기 여고생이다. 학교에서는 모든 것을 솔선수범하고 선생님께는 예의바른 학생이지만 집에만 오면 모두 나를 위해 말씀하시는 것을 알지만 모두 잔소리로만 들리고 짜증부터 나는 것은 무엇일까?
　나의 집을 잠시 소개하자면 우리 집은 다른 친구들과는 조금 달리 대가족이다. 할아버지, 할머니, 아빠, 엄마, 오빠 그리고 나 3대가 걸쳐 살고 있다. 할아버지, 할머니께서는 자식이 아들들 밖에 없었던 터라 할아버지, 할머니께서는 유일한 여자아이인 나를 무척 사랑하시고 귀여워 해주셨다. 하지만 나와 오빠가 커갈수록 이야기는 조금 달라졌다. 과거 남존여비 사상에서 살아오신 분들이라 그런지 오빠에게는 심부름 하나 시키지 않으셨고 모두 나의 몫이었다. 심부름이 싫었다기보다는 차별적 대우가 많이 속상했던 어린 시절이었다. 그래서 나는 서운하고 서러워서 눈물이 울컥할 때도 많았지만 그때마다 할머니, 할아버지께서는 "넌, 여자니까"라고 대답하셨다. 이러한 집이 나는 너무 싫었고 엄마, 아빠 그리고 형제자매끼리만

사는 다른 친구들이 무척이나 부러운 적도 많이 있었다. 그래서 그런지 고등학생이 된 지금 할아버지, 할머니와 예전보다 말 수도 많이 적어졌고 학교에서 야간 자율 학습을 하고 돌아 오면 늦은 시간이라 같이 있는 시간이 많이 없었다.

  하루는 학교에서 그동안 열심히 준비한 발표를 하는 날이 있었는데 평소 집에 가던 시간보다 많이 늦어진 시간이었지만 부모님께 늦는다고 이야기를 하였기 때문에 별 생각 하지 않고 침착하게 준비를 하는데, 할아버지에게서 전화가 온 것이었다. 솔직히 받을 시간도 없고 받으면 늦게 온다고 호통을 칠 게 분명했기 때문에 나는 거절을 하고 발표에 임했다. 성공적으로 발표를 마친 후 우리가 제작한 영상을 폰으로 연결하여 보이는 마무리를 하고 있을 때 나의 폰으로 할아버지의 전화가 왔다.

  나는 당황했지만 바로 거절하였고 거절하자마자 계속 전화가 오는 것이었다. 이 때문에 나는 발표시간을 초과하게 되었고 점수에서 감점을 받게 되었다. 정말 오랫동안 열심히 준비한 발표였기 때문에 난 정말 화가 났고 그대로 곧장 집으로 달려가 할아버지에게 화를 내 버렸다. 나도 그러면 안되는 것을 알면서도 그날은 정말 참을 수가 없었고 평소 많이 서운하고 억울했던 심정이 한 번에 터져서 난 엄마 품에서 울면서 할아버지 할머니와 함께 살기 싫다고 말했지만 엄마는 나를 다독이며 " 할아버지께서는 너를 생각해서 그러신 거야. 엄마는 엄마랑 아빠가 직장에서 일할 때 보호해주시는 할아버지 할머니가 계셔서 오히려 안심이야." 라고 말씀하셨지만 그 상황에서 나는 이해할 수 없었다.

  그 뒤로 나는 할아버지와 매우 서먹한 사이로 지냈고, 어느 날은 할아버지가 쓰시던 2G에서 스마트 폰으로 바꾸게 되신 날이었다. 스마트 폰에 익숙하지 않은 할아버지께서는 나에게 계속 전화 거는 방법, 문자 보내는 방법, 사진 찍는 방법 등을 계속 물어보셨고 나는 귀찮은 마음에 대충 한번 슥 알려드리고는 할아버지 방을 빠져 나왔다.

그 뒤로 며칠 후 할아버지께서는 폰이 충전이 안된다며 나를 불렀고 나는 할아버지 폰을 내방으로 가져와 보니 충전기를 반대로 끼우신 것을 보고 제대로 끼워놓고 내가 할 일을 하고 있었다. 할 일을 마친 후 나는 할아버지 폰이 완충되어 가져다 드리려고 했지만 호기심에 이리저리 폰을 보게 되었다. 할아버지 폰 배경 사진은 나의 학생증 증명사진이었고 할아버지의 핸드폰 앨범에는 하나도 제대로 찍힌 사진 없이 발바닥 사진, TV의 모퉁이 사진, 머리만 살짝 찍힌 셀프카메라 사진이 전부였다. 이 사진들을 보며 내가 조금 더 잘 가르쳐 드렸으면 조금 더 나은 사진들이 있었을까 하며 나의 행동들에 후회가 되었고, 통화 최근기록은 모두 "사랑하는 손녀"였다.

왜 이것을 보며 눈물이 그렇게 났는지 모르지만 그 동안 어설픈 변명들을 하며 거절했던 할아버지의 전화들이 주마등처럼 내 머리 속을 지나다녔다. 내가 그동안 거절한 전화들을 하던 할아버지의 심정이 어떠했을지 생각하며 난 많은 생각을 하였다. 왠지 그날따라 더 하얗게 샌 할아버지의 머리카락을 보며 마음이 많이 아팠다. 그리하여 나는 할아버지께 처음부터 찬찬히 스마트 폰에 대해 알려드렸고 할아버지께서는 더할 나위 없이 기뻐하셨다.

이렇게 잠시 나와 함께하는 시간에도 행복해하시는 할아버지의 모습을 보며 그동안의 내 행동들을 반성하고 있다. 요즘은 할아버지와 잘 지내는지 누군가 나에게 묻는다면 난 "아니요"라 답할 것이다. 요즘도 많이 다투는 것은 마찬가지이다. 하지만 나의 마음에서의 변화는 분명히 있다. 할아버지는 세상에서 나를 가장 사랑한다는 것. 이 글을 읽는 모든 사람들이 익숙함에 속아 소중함을 잃지 않으면 좋겠다.

할아버지! 지금처럼 앞으로도 계속 건강하시고 저의 든든한 버팀목이 되어주세요. 사랑해요. ♥

제15회 　운문

## 악어의 꿈

**심수빈**
(안양예술고등학교 3학년)

할아버지의 가슴 속으로 끝없는 강물이 흐른다
그의 범람한 가슴 깊은 곳에는 악어가 산다
아무도 드나들지 않는 습도 높은 집에는
이빨 없는 악어 한 마리가 잠들어 있다
홀로 보내는 새벽마다 악몽이 스며든다

아내를 떠나보낸 뒤 혼자가 된 그의
가슴 속은 눈물로 가득 차 습도가 높다
너무 가벼워 힘없이 날아가 버릴 것만 같아
악어는 그의 품 안에서 무거운 위석을 받아낸다

가족을 위해 이빨로 끈질기게 버텨내고
다른 짐승의 허벅다리도 뜯어먹던 시절
지금은 멸종 위기에 처한 노인일 뿐이다

가벼워 날아가 버릴 것만 같은
강물처럼 끝없이 흘러드는 얇은 꿈
가슴 한 구석에 모래주머니를 품고 사는
할아버지 꿈의 평형을 지켜주는 악어

비늘이 깊게 박힌 그의 굽은 등허리
꼬리는 강의 물살을 헤치며 버틴다
악어는 오늘도 무게를 실어준다
할아버지가 꿈꾸는 수면 위로
흔들거리는 날들이 떠다닌다.

제15회  산문

# 육개장

권 하 영
(영주여자고등학교 3학년)

"그때 우리가 말이야 끅, 정말 대단했었는데…"
비워질 때마다 채워지는 술잔엔 옛추억들이 찰랑거렸다.
현관 앞 어스름과 뒤엉켜 있는 신발들. 저만치 끝에 운동화를 벗어놓고, 나는 맨발로 그들의 나뒹구는 신발 위를 밟으며 지나갔다. 꾸깃한 걸음을 옮길 때마다 문 틈 사이로 새어나오는 곡소리가 들린다. 머리가 어지러웠다. 상복을 입은 엄마와 이모는 여전히 문상객들과 이야길 나누고 있었고 삼촌들은 한구석에서 부조를 정리하고 있었다. 쉴 틈 없이 밀려오는 사람들에 나까지도 주방으로 가 앞치마를 둘러맸다. 가장 먼저 직사각형 은색 쟁반에 앉은 사람 수대로 쌀밥과 육개장을 날랐다.
"여기요!"
"네 잠시만요."
할아버지의 친구들이란 사람들은 얼굴이 시뻘게져 잔뜩 구부러진 발음으로 소주 두 병을 더 시켰다. 후르륵. 시큰한 술 냄새, 그리고 지난 세월을 함께 말아먹는 저녁상이었다. 그들은 누가 먼저랄 것도 없이 할아버지와의 일화들을 풀어내기 시작했다. 광부로 일했었던 이야기, 가족들과 멀리 떨어져 서로에게 의지할 수밖에 없었던 이야기, 그곳에서 일어난 사고 이야기까지도.

식사를 마친 사람들은 몇 잔을 더 비워내고서야 자리를 떴다. 일회용 플라스틱 용기 안에 담긴 육개장 위로 둥둥 떠 있는 기름. 이제는 더 이상 이야기에 섞일 수 없는 사람, 할아버지는 그런 사람이 되었다.

"할아버지, 할아버지! 이것도요 아니 저것도!"

외갓집에서 조금 떨어진 시장에서 할아버지와 함께 장을 볼 때면, 나는 길가에 펼쳐진 식재료들을 가리키며 목청껏 외쳐댔다. 먹고 싶은 게 어찌 그리 많았던지. 할아버지는 헐헐 웃으시며 주머니에서 천 원짜리 지폐 몇 장을 더 꺼내어 건네셨다. 양손 가득 들고 돌아가는 길이면 마음까지 가득 찬 느낌이었다.

"뭘 이렇게 많이 사왔어 그래…"

할머니가 시들시들한 목소리로 말하셨다. 나는 싱글벙글 웃으며 세상에서 할머니가 해주신 밥이 제일로 맛있다고, 이것들로 할머니 음식 많이 해달라고 조르곤 했다. 부엌 한 구석에서 치익치익 소리를 내며 익어가는 쌀밥. 그래, 밥은 익어가고 있었다.

기대앉을 틈도 없이 나르던 식사. 먹은 자리를 치우고 쓰레기도 한데 모아 갖다버린다. 후우. 나는 그제야 한숨을 돌렸다. 배에서 꼬르륵거리는 소리가 난다. 허기가 졌다. 나는 주위를 살폈다. 가지런히 놓인 흰 국화꽃 위에 걸린 영정사진. 그 아래 앉아 있던 할머니의 모습. 그 뒷모습이 시리다. 밤 10시. 이젠 거의 텅텅 비어버린 식장 안으로 엄마의 목소리가 울린다.

"다들 밥 먹으러 와!"

입맛이 없으시다는 할머니를 뒤로하고 식구들은 테이블 앞에 앉았다. 엄만 테이블 위로 육개장이 담긴 큰 냄비를 올려놓았다. 저녁 늦게까지 내내 끓이던 육개장은 거의 국물이 남아있지 않을 정도로 잔뜩 졸아 있었다. 이모는 국자로 졸아버린 육개장을 조금씩 퍼서 나누어 주셨다. 모락모락 김이 나던 늦은 저녁을, 나는 조금의 망설임도 없이 한입 푹 떠서 먹었다. 조금은 질긴 건더기를 이로 질겅질겅 씹어대며 삼키고 또 삼켰다. 너무나도 짰던 육개장의 맛. 나는 얼큰한 육개장처럼 얼굴이 확하고 달아오른다. 어찌된 일인지, 입 안 가득 퍼지던 슬픔을 좀처럼 막을 수 없었다.
  "와! 할머니 진짜 맛있어요!"
  할머니의 소고기 육개장. 내가 정말 맛있다며 다음에도 해달라고하자, 빙그레 웃으시며 다음에 또 해주겠다, 약속하신 할머니.
  "그럼 그럼… 당신 음식 솜씨는 뭐 어디 가서 가게 차리라는 말 들을 정도였으니까 허허"
  그런 나의 앞에서 같이 웃고 계시던 할아버지의 웃음소리가 귓가를 맴돈다. 나의 눈가에 눌러왔던 슬픔이 고인다. 할머니가 해주시던 육개장 맛과는 너무나도 달랐다. 마주보며 함께 맛있게 먹었던, 그리곤 같이 웃었던, 그 모습이 아직도 생생하기만 한데. 뺨을 타고 흐르는 눈물이 입으로 들어와 짠맛이 퍼진다. 눈물처럼 졸아버린 육개장은 내 목구멍 속으로 잘도 넘어갔다.

## 운문 심사평

# 감동을 주는 시를 쓰자

　청소년 문학상 심사를 할 때마다 나는 은근히 가슴이 떨린다. 이번에는 또 누구의 보석 같은 시가 내 심금을 울려줄까. 기성시인들의 시보다 청소년들의 풋풋한 작품에서는 묘하게 마음을 설레게 하는 요소들이 있다. 청소년들의 좋은 시를 읽을 때마다 나는 행복하다. 왜냐하면 그들이 바로 우리 문학의 미래이니까.
　그러면 좋은 시란 어떤 시일까. 좋은 시에 대한 정의는 사람마다 다를 것이다. 오세영 시인은 "좋고 나쁜 시는 없다. 감동이 있느냐, 깨달음이 있느냐 차이이다."라고 말했다. 한 마디로 말해서 감동을 주는 시, 깨달음이 있는 시가 좋은 시라는 뜻이다.
　좋은 시를 쓰기 위해서는 우선 발상이 참신해야 한다. 남들이 이미 수도 없이 이야기한 진부한 것들은 다른 사람에게 감동을 줄 수 없다. 둘째로 그 시의 내용에 맞는 리듬을 살려 시를 써야 한다. 셋째는 비유, 함축, 낯설게 하기 등의 표현기법을 잘 이용해 표현해야 한다. 그리고 가장 중요한 것은 시인의 진솔한 삶, 경험이 독창적인 표현으로 녹아 감동으로 다가서야 한다는 것이다. 시를 읽고 떨림이 없는 시는 좋은 시라고 말할 수 없다.

　문학사랑 2019년 제17회 청소년문학상에 응모한 작품들을 심사하면서 나는 다행히도 좋은 시 몇 편을 발견할 수 있어 좋았다. 대상을 받는 김예림(양주고등학교 3학년)의 '황혼의 집'은 소멸의 시간과 공간인 '황혼의 집'에서 힘들게 자의식을 일깨우는 모습을 수준 높은 표현으로 형상화한 시이다. '황혼의 집'이 한 폭의 그림이라면 발상과 구도와 색채가 완벽한 그림이다. 김예림 학생의 앞날이 기대된다.

금상을 받는 임지은(진잠중학교 3학년)의 '추억록'은 아빠의 사진첩을 받고 아빠의 인생을 유추하면서 감격을 노래한 시다. 겉으로 드러나진 않지만 아빠에 대한 짙은 애정이 시 속에 녹아들어 감동을 준다. "아버지의 가슴 속 깊고 푸른 강이 흐른다."의 시작과 "밤 새벽을 유영하던 바람과/ 쏟아지던 별들의 음표들", "더 이상 어릴 적 개똥벌레를 기억하지 못할 때쯤/ 달빛을 얼려 만든 거울 하나를/ 지평선에 묻어둔다." 구마다 행마다 절창 아닌 것이 없다. 중학생으로 이만하니, 시 쓰기에 재주 있는 청소년이 아주 드문 요즈음 참으로 기꺼운 일이 아닐 수 없다.

은상을 받는 우수연(Gymnasium105 9학년)의 '요조숙녀 클라이맥스'와 이서희(서울불암중학교 3학년)의 '어쩌다 멸치'도 수작이었다. '요조숙녀 클라이맥스'는 대화체의 산문시로 발상의 엉뚱함과 표현의 자유스러움이 돋보였고, '어쩌다 멸치'는 풍부한 연상능력이 우수한 작품이었다.

청소년들의 작품을 심사하며 나는 많은 감동을 받았다. 감동을 주는 일이야말로 모든 시인들이 꿈꾸는 것이다. 남의 좋은 시를 읽어가면서 우리도 많은 사람들에게 감동을 주는 시를 써보자.

**심사위원 | 최자영** 시인, 문학사랑협의회 이사 역임
**엄기창** 시인, 한국문학교육연구원 원장 (심사평)

## 산문 심사평

# 자아를 성장시키는 글쓰기

  산문이란 운율이나 음절의 수 등에 얽매이지 않고 자유롭게 쓰는 소설, 수필, 편지, 일기, 희곡 등을 말한다. 이번 청소년 글짓기 현상공모에도 소설, 희곡, 수필 등 다양한 분야에서 훌륭한 작품들이 응모 되어 즐거운 마음 금할 수 없다. 산문은 언어를 매개로 하여 자기 마음을 직, 간접으로 표현하는 예술이다. 따라서 글을 쓴다는 것, 그것은 자아를 성장시키는 원동력이 되는 것이다.

  지금 눈앞에 다가온 4차 산업시대는 인공지능, 로봇, ICT 등 융합을 통한 기술 혁명이 생활 전반을 지배하는 시대다. 그러나 최고의 인공지능을 가진 알파고는 감수성이 없다. 슬플 때 울고, 기쁠 때 즐거워하지 못한다. 슬플 때 울고, 기쁠 때 즐거워할 수 있는 것은 인간만이 할 수 있고, 그것은 문학을 통하여 나타낼 수 있다. 이번 청소년 글짓기 모집에서는 의외로 소설이 많았고 희곡도 두어 편 응모 되어 고무적이지 않을 수 없다.

  대상으로 뽑힌 김시내 학생의 '그리움 한 마리'는 일찍 부모님을 여의고 '보육원으로 운반된 채' 꿋꿋하게 사는 시내 학생 자신의 모습을 그렸다. 아버지가 떠날 때 물고기를 남기고 떠났는데 그 물고기 한 마리를 보고 살아가는 것을 '그리움 한 마리'라는 제목으로 달았다. 그리고 젊어서 남편을 잃은 엄마는 아버지의 빈자리를 채우기 위해 남의 집 욕실에 타일을 깔기도 하며, 때로는 전단지를 뿌려가며 힘들게 살다가 결국 엄마마저 잃고 보육원으로 가서 현재 살고 있는 모습을 그린 것이다. 사춘기 학생으로서 겪고 있는 힘든 일을 특유의 개성적인 서사와 묘사를 통해 아름답게 승화시키고 있다. 김시내 학생은 글 쓰며 울고, 나는 심사하며 울고. 울지 않고는 가슴 깊은 곳으로부터 솟아오르는 울컥하는 감정을 억누를 수가 없었던 것이다.

 두 번째로 감동을 주는 작품이 강예진 학생의 '숲'이다. 장래 문제로 엄마와 갈등을 겪는 오빠 이야기를 곁에서 지켜보며 썼는데 역시 서사와 묘사가 뛰어난 작품이다. 예진 양의 오빠는 종이랑 연필 하나만 있으면 자신의 세계를 창조해 낼 수 있을 정도로 미술을 좋아했고, 엄마는 공부도 학교에서 1, 2등을 하는 아들이기에 공부만 열심히 하라는 데서 생기는 엄마와의 갈등을 그렸다. 오빠는 효자다. 그래서 졸업하기까지 엄마 말씀대로 공부 열심히 하여 우등생으로 졸업하였다. 그리고 오빠는 드디어 엄마에게 폭탄을 터뜨렸다.
 '3년 동안 엄마 말 잘 들었잖아요?'
 제목 '숲'은 졸업 후 집을 나간 오빠가 개척해야 할 힘든 세계인 것이다. 예진 학생의 글을 읽는 동안 얼마나 많은 양의 독서를 했으면 이처럼 훌륭한 글을 쓸 수 있을까 하는 생각이 들었다. 대상으로 뽑힌 김시내 학생의 글과 우열을 가리기에 힘이 들었다. 그래서 '앞으로 혼자 살아갈 시내 학생에게 힘을 실어주자는 결심'이 우열을 가리는 잣대로 작용했던 것이다. 앞으로 시내 학생과 예진 학생, 모두 좋은 글 많이 쓰기 바란다.
 글을 쓴다는 것, 그것은 자아를 성장시키는 동시에 세상을 개척해 나가는 원동력이 되는 것이기 때문이다.

**심사위원 | 김용복** 극작가, 칼럼니스트, 세종TV 주필 (심사평)
**박종국** 수필가, 문학사랑협의회 회장

제17회 한국청소년문학 수상작품집
# 그리움 한 마리

펴낸날 | 2019년 6월 8일
엮은이 | 한국청소년문학상 운영위원회
발행·총판 | 오늘의문학사
　　　　　　대전광역시 동구 대전로867번길 52, 401호(삼성동 한밭오피스텔)
　　　　　　Tel | (042) 624-2980　　Fax | (042) 628-2983
　　　　　　e-mail | hs2980@hanmail.net
등록 제55호 (1993년 6월 23일)

ISBN 978-89-5669-863-2
값 12,000원

* 이 책은 『2019년도 대전광역시 지방보조금 지원사업』으로 제작되었습니다.
* 본문에 사용한 종이는 친환경 재생지 '그린라이트' 80g/㎡을 사용하였습니다.
* 이 책은 (주)교보문고에서 eBook(전자책)으로 제작·판매합니다.
* 잘못 제작된 책은 바꾸어 드립니다.
* 이 도서의 국립중앙도서관 출판예정도서목록(CIP)은 서지정보유통지원시스템 홈페이지(http://seoji.nl.go.kr)와 국가자료종합목록 구축시스템(http://kolis-net.nl.go.kr)에서 이용하실 수 있습니다. (CIP제어번호 : CIP2019020511)